Christof Habres · Elisabeth Reis
Jüdisches Burgenland

Entdeckungsreisen

Christof Habres
Elisabeth Reis

Jüdisches Burgenland

Entdeckungsreisen

METROVERLAG

Inhalt

Einleitung	7
Zur Geschichte der Juden im Burgenland	11
Schlomo Hofmeister und der Wein »Sheva Kehillos«	21

Eisenstadt / Asch
  Robert Tannenbaum
  Stefan Ottrubay
  Johannes Reiss
  Patrick Frankl
	27

Mattersdorf / Mattersburg / Kirjat Mattersdorf
  Akiba Ehrenfeld
  Menachem Klein
  Yitzchak Ehrenfeld
	61

Kobersdorf Dieter Szorger	77
Deutschkreutz / Zelem	85
Lackenbach	95
Frauenkirchen	99
Kittsee Irmgard Jurkovich	107
Gattendorf	117
Rechnitz Paul Gulda	123
Schlaining	145
Oberwart Lutz Elija Popper	153
Güssing Markus Prenner	167
… am Ende der Entdeckungsreisen	181
Quellen	184
Namensregister	186

Einleitung

Im Jahr 2011 feierte das Burgenland sein 90-jähriges Bestehen. Dieses Jubiläum nahmen wir zum Anlass, einen wichtigen Aspekt der Geschichte des jüngsten Bundeslands Österreichs zu dokumentieren und die verbliebenen Spuren bis zum heutigen Tag zu verfolgen – die der jüdischen Gemeinden.

Erst im Jahr 1921 kam dieser multiethnische Landstrich, der jahrhundertelang zu den westungarischen Fürstentümern gehörte, zur Republik Österreich. Ein seit jeher umkämpftes Grenzgebiet zwischen Ost und West, ein Sammelbecken verschiedener Völker, Nationen, Religionen, Ethnien und Sprachen – von Ungarn, Kroaten, Slowenen, Roma, deutschsprachigen Österreichern und Juden.

Der erste Teil des Buches widmet sich der einzigartigen Vergangenheit der jüdischen Bevölkerung im Burgenland. Ab dem 17. Jahrhundert konnten sich dank der Schutzherrschaft der Familien Esterházy und Batthyány vermehrt lebendige jüdische Gemeinden etablieren. Traumatisiert von den Vertreibungen aus Österreich und Ungarn zogen viele jüdische Familien in das Gebiet des heutigen Burgenlands. Unter dem Schutz der Herrscherhäuser stehend, entwickelten sich bedeutende kulturelle und religiöse Zentren jüdischen Lebens. Bis heute wird die über Jahrhunderte entstandene Lehrtradition der burgenländischen Jeschiwot (die Tora- und Talmudschulen) weltweit rezipiert und weitergegeben.

Mit den Entdeckungsreisen in sämtliche Gemeinden Nord-, Mittel- und Südburgenlands mit bemerkenswerter jüdischer Geschichte begeben wir uns auf die letzten

Spuren der Vergangenheit. Persönliche Aufzeichnungen und fotografische Dokumentationen dieser Reisen vermitteln sowohl die eindrucksvolle historische Relevanz der einzelnen Gemeinden als auch die aktuelle Situation vor Ort.

Außerdem führen die Entdeckungsreisen in den Weinkeller des Gemeinderabbiners der Israelitischen Kultusgemeinde Wien, Schlomo Hofmeister, und sogar bis nach Jerusalem in den orthodoxen Stadtteil Kirjat Mattersdorf.

Durch Porträts ausgewählter Persönlichkeiten wird der zeitgenössische Aspekt der Thematik hervorgehoben. Menschen, die ihre jüdischen Wurzeln im Burgenland haben oder dort wiederentdeckt haben. Menschen, die sich intensiv mit der jüdischen Geschichte und Kultur auseinandersetzen. Menschen, die ehrenamtliche Erinnerungs- und Gedenkarbeit leisten. Menschen, wie Schlomo Hofmeister, Robert Tannenbaum, Stefan Ottrubay, Johannes Reiss, Patrick Frankl, Dieter Szorger, Akiba und Yitzchak Ehrenfeld, Menachem Klein, Irmgard Jurkovich, Paul Gulda, Lutz Popper und Markus Prenner.

All diese Menschen leisten durch ihr persönliches Engagement und ihren Einsatz einen wesentlichen Beitrag, dass dieser wertvolle, oft verdrängte Teil der burgenländischen Kulturgeschichte wieder in die öffentliche Wahrnehmung rückt.

Ganz im Sinne von Hugo Gold, der in seinem Gedenkbuch über die untergegangenen Judengemeinden des Burgenlandes aus dem Jahr 1970 schreibt, es sei wichtig: »… nachfolgende Generationen daran zu erinnern, dass einst ein reges jüdisches Leben herrschte und Gelehrte von Weltruf an den dortigen Jeschiwot gelehrt und gewirkt haben.«

Gerade in einem Staat wie Österreich, der bis zum heutigen Tag ein äußerst zwiespältiges Verhältnis zu seiner Vergangenheit hat – von der unreflektierten Glorifizierung der Monarchie bis zum Verdrängen und Totschweigen der Mitschuld an den Verbrechen vor und während des Zweiten Weltkriegs –, sind Publikationen und mediale Aufarbeitungen zur Geschichte des Landes noch immer notwendig.

Elisabeth Reis und Christof Habres

Fürst Paul I. Esterházy de Galantha (1635–1713)

Zur Geschichte der Juden im Burgenland
Ein Überblick

Die sieben Brüder
Wo Waldeinsamkeit am Wege mündet,
stehn sieben Tannenbäume eng vereint,
die Zeit hat ihre Wurzeln längst geeint,
dass man nur einen Baum, nicht sieben findet.

Die Ahnen, wenn sie in die Ferne zogen,
von Dorf zu Dorf, dem Steirerlande zu,
hier sassen sie, hier pflegten sie der Ruh,
die Pfeifen brannten, die Gedanken flogen

dem Dorf im Burgenland, der Heimat zu.
Im Winde schaukelten die dunklen Bärte,
die Ahnen beteten, wie sich's gehörte.

Dann schritten sie mit vollbepacktem Rücken,
mit Wandermut, mit Singen und mit Nicken
ins nächste Dorf, das Unterstand gewährte.

Ludwig Fuchs
Zur Erinnerung an die Schewa Kehillot,
die sieben heiligen Gemeinden des Burgenlandes

Das folgende Kapitel umreißt kurz die Geschichte der Juden im Burgenland, vom Mittelalter bis ins Jahr 1938. In den jeweiligen Kapiteln wird dann explizit auf die detaillierte Geschichte der einzelnen Gemeinden und das Schicksal der jüdischen Bevölkerung eingegangen.

Im Mittelalter existierte erwiesenermaßen auf dem Gebiet des heutigen Bundeslandes lediglich eine jüdische Ansiedlung, nämlich das zum Königreich Ungarn gehörende Eisenstadt. In den westungarischen Nachbarorten wie Pressburg, Ödenburg oder Güns waren ebenfalls jüdische Ansiedlungen zu finden.

Das ungarische Königshaus hat sein Judenrecht eng an das österreichische angelehnt. Die Judenordnung von König Béla IV. von 1251 ist eine fast idente Kopie des Fridericianums von 1244. Das Fridericianum regelte das rechtliche Verhältnis zwischen Juden und Nichtjuden und bezog sich auf den sogenannten Judeneid. Der Judeneid war ein Eid, den Juden in Rechtsstreitigkeiten mit Nichtjuden in einer von christlicher Seite vorgeschriebenen, häufig diskriminierenden, Form zu leisten hatten. Er war in weiten Teilen Europas vom frühen Mittelalter bis zum Ende des 19. Jahrhundert verbreitet. In Frankreich und Österreich wurde der Judeneid 1846, in Preußen 1869 abgeschafft. Der Judeneid ist zu unterscheiden vom jüdischen Eid, der Anwendung im innerjüdischen Geschäftsverkehr fand. Nach dem 1244 erlassenen Fridericianums Herzog Friedrichs II. von Österreich mussten Juden, im Gegensatz zu vielen anderen Staaten, die diesen Eid äußerst diskriminierend und demütigend gegenüber Juden definierten, nur einen Schwur »super rodal«, also auf die Tora ablegen.

In den Jahren nach 1496, nach der Vertreibung der Landjuden aus der Steiermark und Kärnten unter Kaiser Maximilian I., und 1526 nach der Schlacht von Mohács, als die Juden aus Ödenburg und vielen anderen ungarischen Städten verjagt wurden, fanden viele Zuflucht in der Region des heutigen Burgenlands.

Eine demografisch relevante und dauerhafte Besiedlung begann aber erst nach 1670. Kaiser Leopold I. ordnete in diesem Jahr die Vertreibung der Juden aus Wien, Niederösterreich und Oberösterreich an. Die Grundherren Westungarns folgten für einige Monate seinem Befehl und verwiesen die Juden des Landes. Die jüdische Bevölkerung konnte aber bald danach wieder in ihre Gemeinden zurückkehren und mit ihnen kamen viele Flüchtlinge aus Wien und Niederösterreich, die sich damit unter den Schutz der Fürsten Esterházy stellten. Zu dieser Zeit entstanden die Gemeinden Eisenstadt, Kittsee, Frauenkirchen und Deutschkreutz. Andere Gemeinden, wie Mattersdorf, Lackenbach und Kobersdorf, wurden 1671 wiedererrichtet. Daraus entwickelten sich in den folgenden Jahren die berühmten »Siebengemeinden«, die »Schewa Kehillot« im Nord- und Mittelburgenland. Neben diesen Fürstlich Esterházy'schen Gemeinden und der Gräflich Esterházy'schen Gemeinde Gattendorf waren ab Mitte des 18. Jahrhunderts auch jüdische Gemeinden im Süden des Landes zu finden. Sie standen unter dem Schutz des Adelsgeschlechts Batthyány. Drei dieser Gemeinden befanden sich im Gebiet des heutigen Burgenlands: Rechnitz, Stadtschlaining und Güssing. Durch die Abwanderungswelle im 19. Jahrhundert entstanden auch noch andere Siedlungsgebiete, wie Oberwart, Großpetersdorf, Pinkafeld.

Die Erlaubnis der herrschenden Adelsgeschlechter zur Errichtung von jüdischen Gemeinden erfolgte vorrangig aus wirtschaftlichen Überlegungen. Die Schutzbriefe waren Verträge, die, neben der Auflistung der Rechte und Pflichten, vor allem die gegenseitige Finanzgebarung bis ins kleinste Detail regelten. Den Schutz durch die Grundherren mussten sich die Juden durch Steuern und Gebühren erkaufen. Die Grundherren profitierten vom Bargeld, das viele Juden aufgrund ihrer Berufe besaßen. Im Gegensatz zu den bäuerlichen Untertanen, die ihre Abgaben meist nur in Naturalien und Arbeit leisten konnten, mussten Juden die Schutztaxe mit Bargeld oder schwer beschaffbaren Waren entrichten. Diese zu beschaffen waren sie in der Lage, da sie oft über weitreichende Handelsbeziehungen verfügten, die sie auch zugunsten ihrer Grundherren einsetzen mussten, um Wertgegenstände über die Grenzen zu schmuggeln. Auch die speziellen Fähigkeiten als Handwerker und der teilweise hohe Grad an Bildung waren Grund für das Wohlwollen der Schutzherren. Viele der im Burgenland angesiedelten Juden waren aber auch Bauern und die meisten lebten in armen Verhältnissen. Die Adelsfamilien sahen die Juden als Verbündete, um die von den Türkeneinfällen stark in Mitleidenschaft gezogenen Haushaltskassen aufzubessern. Begünstigt wurden diese Entwicklungen auch durch die Tatsache, dass im 17. Jahrhundert das Recht der Judenansiedlung vom König auf die Grundherren übergegangen war.

Bis zum Toleranzpatent von Joseph II. 1783 litten Juden aber unter weitreichenden Einschränkungen und Diskriminierungen, was zum Beispiel die Ausübung von Berufen und die Pacht von landwirtschaftlichen Gütern betraf. Erst das als »Ausgleich« betitelte, vertragliche Übereinkommen zwischen Österreich und Ungarn aus dem Jahr 1867, das die staatsrechtliche Verbindung des österreichischen Kaiserreichs mit dem ungarischen Königreich definierte, brachte den Juden die politische und bürgerliche Gleichberechtigung. Diese Gleichberechtigung manifestierte sich auch darin, dass es ihnen ab dem Jahr 1871 ebenfalls erlaubt war, politisch unabhängige Gemeinden

Buch der Chewra Kadischa der jüdischen Gemeinde Rechnitz, 1833

zu gründen. Die emanzipatorischen Entwicklungen stießen aber nicht nur bei Teilen der Bevölkerung und staatlichen Einrichtungen auf Widerstand. Vor allem in Ungarn fürchteten die Orthodoxen eine Untergrabung der rabbinischen Gerichtsbarkeit und der Auflösung der jüdischen Gemeinschaft, die jahrhundertelang als religiöse, politische und soziale Einheit funktionierte. Es kam zu einer Spaltung der jüdischen Bevölkerung in einen orthodoxen Flügel und ein sogenanntes Reformjudentum. Auch in den jüdischen Gemeinden des Burgenlandes spiegeln sich diese Entwicklungen wider: die meisten Judengemeinden wandten sich noch stärker der orthodoxen Lebensführung zu. Die Jeshiwot spielten hierbei eine wichtige Rolle. Die Judengemeinde Rechnitz allerdings löste sich aus dem Verband der westungarisch orthodoxen Gemeinschaft und wandte sich dem Reformjudentum zu. Die Aufhebung

Abbildung einer jüdischen Hochzeit im Südburgenland, 18. Jahrhundert

der Erwerbs- und Aufenthaltsbeschränkungen und die damit einhergehenden erhöhten, wirtschaftlichen Entwicklungsmöglichkeiten führten dazu, dass sich viele Juden vom ruralen Leben verabschiedeten und in die wirtschaftlich anziehenderen Stadtzentren zogen. In der Mitte des 19. Jahrhunderts lebten in der Region des heutigen Burgenlands über 8.000 jüdische Menschen. In einigen Gemeinden betrug der Anteil der Juden an der gesamten Einwohnerzahl dabei über 50 Prozent. Im Jahr 1934 lebten noch rund 4.000 Juden in dieser Region.

Der Anschluss an Nazideutschland 1938 machte das Burgenland zu einem »Mustergau«. In keinem anderen Landstrich des gesamten Deutschen Reichs wurden die Juden so schnell enteignet, ihr Hab und Gut arisiert und aus ihrer Heimat vertrieben. Viele der Flüchtlinge versuchten ins Ausland zu entkommen, scheiterten aber oft schon an den Grenzen, da ihnen meist die Einreise verweigert wurde. Meist waren sie vollkommen mittellos und nicht einmal ein Reisepass war ihnen geblieben. Dieses brutale Vorgehen erregte international enormes Aufsehen und Kritik. Die Nazi-Schergen steckten jedoch nur in einer Hinsicht zurück – die Juden wurden daraufhin nicht mehr ins Ausland abgeschoben, sondern nach Wien. Jene Juden aus dem Burgenland, die nicht mehr aus Wien fliehen konnten, wurden im Oktober 1939 nach Polen, im Frühjahr und im Herbst 1941 in die Konzentrationslager von Lodz, Riga, Minsk und Ljubik deportiert und dort ermordet. Hauptverantwortlich für diese überfallsartige Kommandoaktion war der nationalsozialistische Landeshauptmann Tobias Portschy (vgl. auch Kapitel Rechnitz), der schon in den Monaten vor dem Anschluss einen Plan ausgearbeitet hatte, wie die Juden- und Roma-Frage auf dem schnellsten Weg zu »lösen« sei.

Diesen Plan hat er mit teuflischer Konsequenz und Akribie durchgeführt. Schon wenige Monate nach dem Anschluss, im Oktober 1938, war das Burgenland »judenfrei«. Anfang November konnte ein Bericht der Israelitischen Kultusgemeinde in Wien nur mehr vermelden, dass in diesem Bundesland keine Kultusgemeinden mehr existierten. Die über Jahrhunderte bestehende jüdische Kultur war innerhalb nur weniger Monate zerstört worden. Es ist ein Treppenwitz der Geschichte, dass es in diesem Bundesland während der Reichskristallnacht trotzdem zu Ausschreitungen kam. Diese konnten sich nicht mehr gegen jüdische Menschen richten, denn die waren ja schon vertrieben, sondern richteten sich gegen bestehende jüdische Einrichtungen, wie Häuser oder Synagogen.

Nur mehr vereinzelt kehrten Juden nach 1945 in ihre ehemalige Heimat zurück. Vom österreichischen Staat wurden nur sehr wenige dezidiert eingeladen, zurückzukehren. Zwar wurden die »Wiedergutmachungsgesetze«, die die Rückführung jüdischen Eigentums an ihre Besitzer regeln sollten, beschlossen, aber es dauerte oft Jahre, wenn nicht Jahrzehnte bis die einzelnen Ansuchen erledigt wurden. In diese Kerbe schlägt auch die Ministerratsrede vom 9. November 1948 (exakt zehn Jahre nach der Reichskristallnacht) des gebürtigen Gattendorfers und damaligen Innenministers Oskar Helmer (SPÖ):

> *»Auch den Nazis ist im Jahre 1945 alles weggenommen worden ... Ich wäre dafür, dass man die Sache in die Länge zieht.«*

Heute leben nur mehr vereinzelt Juden im Burgenland, es gibt keine lebende Gemeinde mehr.

Manifestiert sich die einstige jüdische Kultur tatsächlich nur mehr in baulichen Resten, Denkmälern, Gedenktafeln und Friedhöfen?

Wie konnte diese Katastrophe in einem Land passieren, über das die israelische Historikerin Milka Zalmon einmal schrieb: »Die Juden im Burgenland fühlten sich (...) der Gemeinschaft zugehörig und heimatverbunden.« Auch der Schriftsteller Franz Werfel teilte diese Ansicht, als er schrieb: »Auf zwei Dinge waren die burgenländischen Juden besonders stolz: auf ihre gelehrten Männer und auf ihre Bodenständigkeit. Im Gegensatz zu anderen jüdischen Stämmen nämlich hatten sie den Fluch der Wanderschaft und Heimatlosigkeit längst vergessen. Sie waren weder aus Russland und Polen, noch aus Mähren und Ungarn immigriert, sie rühmten sich, von jeher im Lande gesessen zu haben.«

Gemeinderabbiner Schlomo Hofmeister in seinem Weinkeller

Schlomo Hofmeister und der Wein »Sheva Kehillos«

Er macht es spannend. Die Bestelllisten werden immer länger und viele Mitglieder der Israelitischen Kultusgemeinde können es kaum mehr erwarten, endlich eine oder mehrere Flaschen dieses fast schon sagenumwobenen Weins zu bekommen. Aber Schlomo Hofmeister, Gemeinderabbiner und Hobby-Winzer, gibt seinem Wein die notwendige Zeit zu reifen, in den Eichenfässern und danach auch abgefüllt in den Flaschen. Penibel kontrolliert er immer wieder den Reifegrad seines Weines, den er im Keller in der Seitenstettengasse lagert. Eine önologische Produktlinie, der er den bezeichnenden Namen »Sheva Kehillos« (die ashkenasische Schreibweise der Siebengemeinden) gegeben hat. In Erinnerung an die berühmten sieben jüdischen Gemeinden im Nord- und Mittelburgenland, die über mehrere Jahrhunderte einen ungemein hohen Stellenwert in der jüdischen Welt gehabt haben und diesen noch immer haben. Die historische und religiöse Bedeutung dieser jüdischen Gemeinden ist bis heute über viele Grenzen hinweg noch immer präsent. Schlomo Hofmeisters Wein ist ein kleiner, persönlicher Beitrag dazu, dass die Erinnerung an dieses wichtige Kapitel jüdischen Lebens in Österreich nicht aus dem Gedächtnis verschwindet. Wobei dem koscheren Wein des Gemeinderabbiners im Fall des Burgenlands natürlich eine zweifache Bedeutung zukommt. Einerseits ist das österreichische Bundesland weit über seine Grenzen für seine Trauben und seine Weingüter bekannt und andererseits hat Wein im jüdischen Glauben einen hohen Stellenwert, wie Hofmeister bei der Besichtigung seines ungewöhnlichen Weinkellers erzählt.

Wein hat eine ganz besondere sakrale Bedeutung, ist essenzieller Bestandteil bei allen jüdischen Feierlichkeiten im Lebenszyklus. Der Segen wird über einem Becher Wein gesprochen. Wie der Kidduch am Schabbat. Der Kidduch am Schabbat und an den Feiertagen wird unmittelbar vor der Mahlzeit zu Hause, üblicherweise vom männlichen Familienoberhaupt gesprochen – aber auch Frauen sind verpflichtet, den Kidduch zu hören. Oder der Segen am Sederabend zu Pessach, bei dem dieser über das erste von vier Gläsern mit Wein gesprochen wird. Zu Purim, dem Fest, das an die Errettung des jüdischen Volkes aus drohender Gefahr in der persischen Diaspora erinnert, ist es grundsätzlich erlaubt, sich am Wein auch zu berauschen. Ein Zustand, in den der Genuss des Weins sonst nicht führen sollte. Daher ist es natürlich jedem einzelnen erlaubt, bei den verschiedenen Zeremonien auch Traubensaft ohne Alkohol zu konsumieren.

Aufgrund des hohen spirituellen Potenzials von Wein unterliegt die Produktion sehr strengen Regeln. Denn obwohl Wein ein pflanzliches Produkt ist, und daher keiner spezifischen Kaschrut-Vorschrift unterliegt, sollen ihn nur religiöse Juden produzieren oder seine Herstellung kontrollieren. Der Grund dafür liegt in der schon jahrtausendealten Tatsache, dass andere Religionen des Altertums (Vielgötter-Religionen, Kulte der Griechen oder Römer) Wein im Rahmen von Götzendiensten verwendet haben. Daher ist es üblich geworden, dass nur Wein, der von einem hierfür beauftragten Juden kontrolliert wird, als koscher gilt und entsprechend zertifiziert ist. Man muss dabei unbedingt darauf achten, dass ebenfalls die Zusatzstoffe koscher sind. Zuchthefe zum Beispiel, die häufig verarbeitet wird, wird oft mithilfe von unkoscheren Substanzen produziert, und auch andere Stoffe wie Gelatine finden Anwendung in der kommerziellen Weinklärung. Schlomo Hofmeister verwendet für seinen Wein Hefe auf Gemüsebasis. Daher werden die Weine der »Sheva Kehillos« zu einem absolut biologischen Produkt, wie er betont. Ein Produkt, das selbst von strikten Veganern konsumiert werden kann.

Der aus München stammende Gemeinderabbiner, der unter anderem an der University of British Columbia und an der London School of Economics Sozial- und Politikwissenschaften studiert hat, hat sich das Weinmachen während seines Rabbinatsstudiums in Jerusalem

Rabbiner Schlomo Hofmeister

selbst beigebracht. Als er im Jahr 2008 nach Wien kommt, hat er sein Können weiter perfektioniert. In den ersten Jahren hat er die Trauben noch 14 Tage in seinem – dafür eigens versiegelten – Wohnzimmer gekeltert. Nicht zur Freude seiner Familie. Anschließend mietete er sich in einem Schuppen bei einem Weinbauern in Gols, von dem er auch die verschiedenen Traubensorten bezieht, ein. Er ist selbstverständlich bei der Ernte dabei und überwacht regelmäßig den Gärungsprozess. 2011 entschied er sich für Merlot-Trauben und, entgegen seinen ursprünglichen Plänen, wird er keinen Cuvée kreieren, sondern mehrere, reine Merlots in Flaschen abfüllen. Aber zuerst muss eben der Wein für Monate, eventuell auch Jahre in den Fässern reifen. Was die Spannung der Besteller weiter erhöht. Das Weinmachen ist zwar nur sein Hobby, aber die Qualität muss einfach passen – und Qualität erzielt man nicht mit übertriebener Eile, so Schlomo Hofmeister.

Vor den Eichenfässern erzählt der Weinmacher von der herausragenden »Qualität« der Siebengemeinden, denen er den Wein widmet. Diese orthodoxen jüdischen Gemeinden im Burgenland, die in der jüdischen Welt ein bekanntes Phänomen waren und nach wie vor sind. Besonders Eisenstadt, Mattersdorf oder Deutschkreutz waren, sind aufgrund ihrer Jeschiwot, der Talmud- und Tora-Schulen, und ihrer Lehrer und Rabbiner im Judentum bekannt wie Weltstädte à la New York und rangieren in der Rezeption diesbezüglich auf einer Ebene mit Bagdad. Hofmeister verweist auch darauf, dass die Jeschiwot nicht als fixe Institutionen einer jüdischen Gemeinde zu betrachten waren, sondern sich meist an den talmudischen Qualitäten der Lehrer orientierten. Das kann bedeuten, dass, wenn ein Lehrer an eine andere Jeschiwa berufen wurde und die Gemeinde keinen gleichwertigen Ersatz fand, diese für Monate, auch Jahre nicht betrieben wurde. In seinem Büro verweist Hofmeister darauf, dass in den burgenländischen Jeschiwot, wie zum Beispiel der in Mattersdorf/-burg, sich so etwas wie Rabbiner-Dynastien herausgebildet hatten, die für bestimmte orthodoxe Lehrtraditionen verantwortlich zeichneten, die in den Vereinigten Staaten und in Israel bis heute vermittelt werden. Schlomo Hofmeister zeigt anhand einiger Folianten Responsen und Kommentare zur Tora von einem der bekanntesten Rabbiner seiner Zeit, von Chatam Sofer, der in Mattersdorf wirkte. Profunde Kommentare, die von anderen Rabbinern auf der ganzen Welt ebenfalls kommentiert wurden.

Und heute? Welche Spuren dieser Epoche existieren bis dato und können noch gefunden werden?

Kann auch nur im Ansatz von einem heutigen jüdischen Leben im Burgenland gesprochen werden?

Oder ist der Wein »Sheva Kehillos« von Schlomo Hofmeister tatsächlich eine der letzten Erinnerungen an diese einzigartige Tradition jüdischer Kultur in Österreichs jüngstem Bundesland?

Die Entdeckungsreisen ins jüdische Burgenland der Jetztzeit beginnen in der Wiener Kultusgemeinde.

Innenansicht des Tempels in Eisenstadt

Eisenstadt / Asch

Eisenstadt ist neben Deutschkreutz eine der beiden jüdischen Gemeinden des Burgenlands, die einen hebräischen Namen hat. »Eisenstadt« heißt auf Hebräisch »Asch«. Das ist eine Abkürzung, die sich aus den beiden hebräischen Buchstaben Alef (א) und Schin (ש) für E(A)isenStadt zusammensetzt.

Die burgenländische Hauptstadt war die einzige Stadt in der westungarischen Region, die schon im Mittelalter auf eine funktionierende jüdische Gemeinde mit Rabbinat, Synagoge und Tauchbad verweisen konnte. Neben einer Urkunde aus dem Jahr 1296 belegen zahlreiche Quellen aus dem 14. und 15. Jahrhundert die Existenz einer jüdischen Gemeinde. Das kann daran liegen, dass Eisenstadt oft als Zufluchtsort diente, wenn Juden aus anderen Ortschaften vertrieben wurden. Es wird angenommen, dass die jüdische Gemeinde unter dem Pfandherren Johann von Weißpriach (1547–1571) ihren ersten zahlenmäßigen Höhepunkt erreicht hat.

Gläubige beim Verlassen des Tempels

Im Jahr 1622 wurde Eisenstadt für 400.000 Gulden an Graf Nikolaus Esterházy verpfändet. Obwohl sie nominell noch immer dem Landesfürsten unterstanden, leisteten die Juden ihre Abgaben an den Pfandnehmer und standen dafür im Gegenzug unter seinem Schutz. Mit dem Verkauf von Eisenstadt 1649 an die Esterházys wurde diese praktizierte Vereinbarung der Schutzherrschaft nachträglich legitimiert. Trotzdem sie bereits unter der Schutzherrschaft der ungarischen Fürstenfamilie standen, waren auch die Eisenstädter Juden kurzfristig vom allgemeinen Ausweisungsdekret Leopold I. im Jahr 1671 betroffen und mussten die Stadt verlassen. Aber nur wenige Monate später war es ihnen wieder erlaubt, zurückzukehren. Mit ihnen siedelten sich, mit fürstlicher Erlaubnis von Paul Esterházy, aus Wien vertriebene Juden an, die im mährischen Nikolsdorf Zuflucht gefunden hatten. Sie ließen sich auf dem Gebiet des neuen Meierhofs außerhalb der Stadtmauern nieder und sind damit, wie Johannes Reiss, Leiter des Österreichischen Jüdischen Museums, betont, als Gründerväter des neuen jüdischen Viertels zu bezeichnen. Als eigentliches Gründungsdatum dieser neuen jüdischen Gemeinde Eisenstadts wird die Zeit nach 1675 angesehen. Im Jahr 1732 wurde die Gemeinde unter dem Namen »Unterberg-Eisenstadt« eigenständig. An deren Spitze stand ein Richter, der vom Herrscherhaus bestätigt werden musste. Als Zeichen seiner Würde bekam der Richter einen Richterstab, der noch bis heute im Jüdischen Muse-

Johannes Reiss, Direktor des ÖJM, Eisenstadt

Eingang zum jüdischen Viertel von Unterberg-Eisenstadt

um in Eisenstadt zu bewundern ist. Zu den Aufgaben des Richters gehörte: für Ruhe und Ordnung zu sorgen und die Einnahmen und Ausgaben der Gemeinde zu kontrollieren. Außerdem war er verantwortlich dafür, die Steuerlast gerecht zu verteilen. Wichtige Angelegenheiten, wie die Ernennung der Gemeindefunktionäre, wurden von der gesamten Gemeinde entschieden. Außerdem kam dem Richter die Vermittlerrolle zwischen der jüdischen Bevölkerung und dem Herrscherhaus zu. Die Rechtsprechung innerhalb der Gemeinde oblag dem amtierenden Rabbiner, dem dabei zwei Beisitzer zur Seite standen.

Die Grundherrschaft der Esterházys endete 1848 und dadurch wurde die jüdische Gemeinde eine selbstständige Dorfgemeinde mit freien und gleichberechtigten Bürgern. Als einzige jüdische Gemeinde konnte »Unterberg-Eisenstadt« seine Autonomie bis ins Jahr 1938 aufrechterhalten.

In Eisenstadt lebten im Jahr 1836 etwa 900 Juden. Das war der historische Höchststand der jüdischen Bevölkerung in der Stadt. 1934 zählte man nur mehr 462 Juden und knapp vor dem Anschluss lebten noch 446 Juden in Eisenstadt.

1938 war das schicksalsreiche Jahr für die jüdische Gemeinde Eisenstadts: Schon in der Nacht vom 11. auf den 12. März 1938 verließen mehrere jüdische Familien die Stadt. Ihnen schien bewusst gewesen zu sein, was der bevorstehende Einmarsch der Nationalsozialisten für sie mit sich bringen wird. Das bestätigte sich in den folgenden Wochen schmerzlichst. Bald nach dem Anschluss wurde in Eisenstadt eine Gestapoleitstelle eingerichtet, deren primäres Ziel es war, die jüdischen Gemeinden des Burgenlands möglichst schnell zu liquidieren. Die meisten Geschäfte der Eisenstädter Juden wurden sofort beschlagnahmt. Viele Gemeindemitglieder konnten der Auswanderungsanordnung nicht Folge leisten, da sie kein Aufnahmeland fanden. Sie mussten nach Wien ausweichen, wo sie ein unbestimmtes, oft tödliches Schicksal erwartete. Die letzten Juden wurden schon im Oktober 1938 aus Eisenstadt vertrieben. Etwa 110 Eisenstädter Juden wurden in den Konzentrationslagern der Nationalsozialisten ermordet.

Nach 1945 kehrten nur wenige Juden in die burgenländische Hauptstadt zurück, unter ihnen waren Heinrich Trebitsch und Oskar Schiller.

Oskar Schiller, jüdischer Kaufmann

Eisenstadt heute. Die kleinste Landeshauptstadt Österreichs hat sich in den letzten Jahren stark verändert. An den Stadtgrenzen reiht sich ein Einkaufszentrum ans andere. Das einzige, bei seiner Eröffnung im Jahr 1971 umstrittene Hochhaus ragt noch immer weit über die Skyline der Stadt in die Ebenen des Landes. Ein Zeichen urbaner Modernität, so die damalige Einschätzung. Die Innenstadt wurde in den letzten Jahren sukzessive renoviert und aktuellen Einkaufsstraßen-Standards angepasst – in der Innenstadt reiht sich Geschäft an Geschäft, dazwischen vereinzelt Kaffeehäuser, die mit italienischen Café-Marken werben.

Wir beginnen unsere Entdeckungsreise durch das jüdische Eisenstadt nicht, wie vielleicht angenommen, im ehemaligen jüdischen Viertel der Stadt, im Österreichischen Jüdischen Museum oder auf einem der beiden Friedhöfe, sondern bei den jahrhundertelangen Schutzherren der Juden, bei den Esterházys. Das Schloss, prominent inmitten der Stadt gelegen, wurde in den letzten Jahren von der Esterházy-Privatstiftung aufwendig renoviert. Die Ausstellungs-, Konzert- und Büroräume präsentieren sich auf dem letzten Stand der Technik und des Ausstattungsdesigns. Die Kulturbetriebe der Privatstiftung organisieren übers Jahr Festivals, Konzerte, Ausstellungen oder Lesungen in ihren Besitzungen, wie im Schloss Esterházy, im Steinbruch von St. Margarethen, im Schloss Lackenbach oder auf der Burg Forchtenstein.

Die Kulturbetriebe werden seit dem Sommer 2011 von **Robert Tannenbaum** geleitet. Der 1956 in New York geborene Tannenbaum studierte Musikwissenschaft an der dortigen Columbia University und arbeitete seit 1984 als Opernregisseur an den verschiedensten Häusern in

Robert Tannenbaum, Leiter der Esterházy'schen Kulturbetriebe

Deutschland und den Vereinigten Staaten. Außerdem war er Künstlerischer Direktor an der Los Angeles Music Center Opera und Oberspielleiter des Badischen Staatstheaters Karlsruhe. In München wirkte er von 2007 bis 2011 als Professor an der Musikhochschule für Musik und Theater. Ein ausgezeichneter, weltoffener und erfahrener Kulturmanager, der mit Sicherheit der programmlichen und künstlerischen Ausrichtung sowie dem Auftritt der Kulturbetriebe internationales Renommee bringen wird.

In Robert Tannenbaums Büro spiegelt sich diese Weltläufigkeit wider. Reduziert eingerichtet, mit zeitgenössischer Kunst an den Wänden. Es ist hell und vermittelt einen offenen, kommunikativen Eindruck. Diesen Eindruck verstärkt auch die stets geöffnete Tür zum Empfangsraum. Eloquent und mit viel Humor erzählt er von seiner Ankunft und Aufnahme im Burgenland. Umreißt in kurzen Worten seine Pläne für die Kulturstiftung. Als er von unserem Buchprojekt über die jüdischen Gemeinden des Burgenlands Näheres erfährt, verweist er darauf, dass dies absolute Chefsache ist. Denn die Geschichte der Juden im Burgenland und deren jahrhundertelange enge Verbindung zum Hause Esterházy werden in den kommenden Jahren intensiv aufgearbeitet. Dieses Projekt hat für die Privatstiftung einen sehr hohen Stellenwert, daher vermittelt er uns einen Termin beim operativen Leiter der Esterházy'schen Privatstiftung, Stefan Ottrubay.

Stefan Ottrubay wurde 1954 in Zürich geboren. Er besuchte das Gymnasium in Luzern und studierte danach Rechtswissenschaften. Er promovierte im Jahr 1976 und nach erweiterten Studien an der Columbia University in New York schlug er eine internationale Karriere im Bank- und Versicherungswesen ein. Stationen seiner Laufbahn waren neben der Schweiz, London, Prag und Budapest. Im Jahr 2000 kehrte Stefan Ottrubay endgültig zu seinen mitteleuropäischen familiären Wurzeln zurück, nachdem ihn Melinda Esterházy, die letzte Fürstin und Erbin der Esterházy'schen Besitzungen, mit der Leitung der Stiftungen betraute. Seitdem ist er Generaldirektor der Esterházy-Betriebe. Diese Betriebe erzielten im Jahr 2010 durch Forst- und Naturmanagement, Weinbau, Immobilien, historische Gebäude sowie Kultur und Tourismus mit ihren fast 300 Mitarbeitern einen Gesamtumsatz von 37,8 Millionen Euro.

Im Gespräch erklärt Stefan Ottrubay vorerst einmal die primären Ziele der Esterházy-Privatstiftungen. Die Stiftungszwecke sind in der Stiftungsurkunde und verschiedenen Zusatzdokumenten durch die Stifterin Frau Melinda Esterházy, geb. Ottrubay, formuliert worden. Sie sehen vor,

Stefan Ottrubay, Generaldirektor der Esterházy-Betriebe

dass die Kulturgüter und die Baudenkmäler der historischen Familie Esterházy sind zu erhalten, zu erforschen und sie der Öffentlichkeit zugänglich zu machen sind. Des Weiteren ist das Stiftungsvermögen durch eine zukunftsweisende Wirtschaftsführung zu bewahren und die Gewinne aus den Wirtschaftsbetrieben und die Wertsteigerungen des Vermögens können zur langfristigen Finanzierung von Investitionen im Wirtschafts- wie im Kulturbereich eingesetzt werden. Und, last, but not least, sollen karitative und soziale Einrichtungen gefördert werden.

Angesprochen auf die lange Schutzherrschaft der Familie Esterházy gegenüber der jüdischen Bevölkerung des heutigen Nord- und Mittelburgenlands, verweist Stefan Ottrubay auf historische Fakten. Er legt dar, dass die Bereitschaft der Fürsten Esterházy, Juden in ihrem Herrschaftsgebiet die Ansiedlung zu ermöglichen, primär aus wirtschaftlichen und geistig-intellektuellen Gründen erfolgt ist. Durch den Rückzug der Osmanen und die damit verbundenen langen Kriege in der zweiten Hälfte des 17. Jahrhunderts war der weite pannonische Raum devastiert und die Bevölkerung sehr geschwächt. Es galt diesen wichtigen Siedlungsraum wiederum fundamental wirtschaftlich und geistig zu stärken. Fürst Paul Esterházy I. wandte sich an die Wormser Judengemeinde in Deutschland und verhandelte die Ansiedlung von jüdischen Familien an mehreren wichtigen Standorten seines Besitzes. Dadurch sollte das Handwerk, das Finanzwesen und die Verwaltung innerhalb von ein bis zwei Generationen gestärkt werden. Den Gemeinden wurden im Rahmen der Vereinbarungen die freie Glaubensausübung sowie eine beschränkte eigene Rechtsgestaltung zugesichert. Nach kurzer Zeit entstanden so blühende Gemeinden. Die »Sie-

Der Jerusalemplatz am Eingang zum ehemaligen jüdischen Viertel

bengemeinden« Eisenstadt, Mattersdorf, Kobersdorf, Lackenbach, Deutschkreutz, Frauenkirchen und Kittsee.

Verschiedene wissenschaftliche Publikationen über diese Gemeinden, herausgegeben zum einen durch das Österreichische Jüdische Museum in Eisenstadt, zum anderen auch in englischer Sprache durch internationale Autoren, reflektieren diese Zeit. Auch der Ausstellungskatalog zur großen Esterházy-Ausstellung, die 1995 im Schloss Esterházy in Eisenstadt stattfand, enthält ebenfalls ein ausführliches Kapitel über diese Esterházy'schen »Siebengemeinden«.

Auch im Archiv der Privatstiftung, das nun wissenschaftlich aufgearbeitet wird, gibt es zum Wirtschaftsleben der Judengemeinden der Esterházy'schen Herrschaften zahlreiche Dokumente, so zum Beispiel verzeichnen die Urbare alle jüdischen Untertanen und ihre Güter. Als ein sehr wichtiges Dokument erachtet Stefan Ottrubay ein Huldigungsblatt der Eisenstädter Judengemeinde für Fürst Paul II. Anton Esterházy von 1734 und ein Plan der Eisenstädter Judenstadt, in dem alle Gebäude des Ghettos eingezeichnet sind. Auch im Esterházy-Bestand des Ungarischen Staatsarchives gibt es eine Reihe von Urkunden.

Worin liegen aber nun die Hintergründe, dass das Haus Esterházy – im Gegensatz zu vielen anderen Kaiser- und Königshäusern – so konstant über Jahrhunderte als Schutzherren für die jüdische Bevölkerung in Erscheinung traten?

Die Schabbat-Kette vor dem Wertheimerhaus mit dem Weinhandel der Familie Wolf

Bei der Beantwortung dieser Frage holt Stefan Ottrubay etwas aus, führt zurück an den Anfang dieser Geschichte: »Die ersten bedeutenden Esterházys, Palatin Nikolaus und sein Sohn der spätere Fürst Paul I. waren sehr gebildete Menschen, die mehrere Sprachen beherrschten, im Kontakt mit den wichtigen Zentren Europas standen und so die Möglichkeiten der Stärkung einer großen verelendeten Region richtig angehen konnten. Die jüdischen Gemeinden mit ihren Handwerkern und Wirtschaftsreibenden brachten Wissen, Fleiß und breite kulturelle und wirtschaftliche Kontakte in die Lande. Die blühenden Gemeinden bedeuten für den Hof auch erhebliche Steuerleistungen, mit denen die großen Investitionen in der Wirtschaft und das Hofleben finanziert wurden.

Generell waren die Fürsten Esterházy seit Beginn ihres steilen Aufstieges tolerant zu anders-gläubigen Untertanen und erleichterten ihnen damit die Ansiedlung im Herrschaftsgebiet. Durch diese kluge Politik lud man evangelische Bauern und Handwerker aus Deutschland, aber auch orthodoxe Serben und Bulgaren ein, sich im pannonischen Raum niederzulassen. Die Toleranz der damaligen »modernen Immigrationspolitik« sollte sich bis zum Zerfall der Monarchie im ersten Weltkrieg erhalten. Die Esterházys waren die Familie, welche diese besondere Toleranz am längsten und konsequentesten, ganz besonders ihren jüdischen Familien und Gemeinden gegenüber, lebten und verteidigten. Die jüdischen Gemeinden leisteten über die Jahrhunderte einen großen Beitrag für die Entwicklung des westungarischen/pannonischen Raumes. Das hohe Niveau der Landwirtschaft, die Exporterfolge der Weine, die erste industrielle Entwicklung in unserer Region wären nicht denkbar ohne die jüdischen Unternehmer, Händler und Finanziers. Aber auch im kulturellen Bereich leisteten sie einiges, die frühe Ausbildung von Franz Liszt wurde von einem jüdischen Lackenbacher Händler gefördert. Zu Haydns Zeiten war der Direktor des Opernhauses in Fertöd-Esterhaza der Sohn eines jüdischen Kleinhändlers. Dieser Teil der jüdischen Alltagsgeschichte ist noch nicht gänzlich erforscht.«

Der Schutz und die Förderung des Judentums blieb bis ins 20. Jahrhundert Bestandteil des Engagements der Familie Esterházy im Pannonischen Raum, ergänzt Ottrubay und verweist auf Entdeckungen der letzten Zeit: Jüngst gefundene Archivalien belegen, dass gegen Ende des Zweiten Weltkriegs in der Forstverwaltung des Fürsten Paul V. eingesetzte jüdische Zwangsarbeiter gleichermaßen korrekt behandelt wurden wie alle anderen Mitarbeiter. Die NS-Schergen der örtlichen Kreisleitung sahen sich veranlasst, eigens in einem Schreiben an die Forstverwaltung »einen schonungsloseren Umgang mit den zugeteilten Juden« einzumahnen. Eine Aufforderung, der nicht nachgekommen wurde.

Festzuhalten ist für Ottrubay ebenso die bedeutende Rolle von Fürst Paul V. in den Jahren 1944/45 in Budapest, wo er unter Einsatz hoher eigener finanzieller Mittel und unter Nutzung seiner diplomatischen Verbindungen helfen konnte, zahlreiche Leben jüdischer Mitbürger zu retten.

Und heute? Bestehen nach der Katastrophe der Vertreibung und vollständigen Auslöschung der Judengemeinden des Burgenlands noch Kontakte zu ehemaligen burgenländischen Juden und deren Nachkommen?

Hier weist der Leiter der Privatstiftung auf Besucherzahlen. Jährlich kommen zwischen 8.000 und 10.000

Besucher mit jüdischem Hintergrund nach Eisenstadt. Viele von ihnen würden auch das Schloss besuchen und erkundigen sich über die Beziehung der ehemaligen jüdischen Gemeinden zum Fürstenhof der Esterházys. Die Stiftung gibt ihnen bereitwillig Auskunft und das besondere Interesse der Nachfahren von Ausgewanderten und Vertriebenen freut Stefan Ottrubay. Außerdem betreut und beantwortet das Archiv Esterházy-Privatstiftung regelmäßig Anfragen von Forschern zur Geschichte der »Siebengemeinden«.

Aber es wird bei der Geschichte bleiben. Eine Wiederansiedlung jüdischer Menschen nach dem Holocaust und den Entwicklungen des 20. Jahrhunderts ist für Stefan Ottrubay nur schwer vorstellbar. Die repressiven bis vernichtenden Maßnahmen im Dritten Reich und die Vernachlässigungen danach haben die meisten jüdischen Spuren im Burgenland unwiderbringlich getilgt, beklagt er. So bleibe der Esterházy-Privatstiftung letztendlich nur mehr die Bewahrung des Erbes. Aber dieses Erbe sei der Familie Esterházy enorm wichtig, unterstreicht Stefan Ottrubay noch einmal zum Abschluss.

Wir verlassen die Büroräumlichkeiten der Privatstiftung und wenden uns dem ehemaligen jüdischen Viertel zu. Am Schloss und dem großzügigen Park vorbei, entlang einer ansteigenden Durchfahrtsstraße gelangen wir zu einem Torbogen mit einem Schild, das darauf hinweist, dass sich dahinter das Ghetto befand. Über den Jerusalem-Platz vorbei an der Schabbat-Kette aus dem Jahr 1862, das Symbol der Autonomie des Viertels, kommen wir in die Unterbergstraße, wo sich rechterhand das Österreichische Jüdische Museum befindet.

Eingang zum jüdischen Viertel, um 1920

Das Österreichische Jüdische Museum ist das erste jüdische Museum in Österreich, das nach 1945 eröffnet wurde. Seit dem Jahr 1969 hatte Kurt Schubert, der bekannte Professor für Judaistik an der Universität Wien, an der Realisation dieses Projekts gearbeitet. Das große Engagement für dieses Projekt des Gründers und Ordinarius des Instituts, der selbst ein strenggläubiger Katholik gewesen ist, rang damals in der jüdischen Gemeinde in Wien vielen Mitgliedern Respekt ab. Der Standort Eisenstadt schien für ihn aufgrund der Geschichte der Juden im Burgenland ideal. Erhebliche Unterstützung bekam Schubert vom damaligen Landesrat für Kultur, dem späteren Bundeskanzler, Fred

Sinowatz. Dieser setzte sich politisch sehr für das Museum ein. Keine politisch-historische Selbstverständlichkeit in den 1960er-Jahren in Österreich. Jahre, in denen noch immer an den Universitäten und in Wahlkämpfen nicht mit offen antisemitischen Tönen gegeizt wurde. Im Jahr 1972 war es soweit und das erste jüdische Museum mit dem vollständigen Namen »Österreichisches Jüdisches Museum« wurde gegründet. Die Namensgebung war ein weiser Schachzug von Kurt Schubert, denn da er das Museum nicht »Jüdisches Museum Eisenstadt« oder »Jüdisches Museum des Burgenlandes« nannte, gab er dem Haus schon mit dem Namen eine überregionale Bedeutung und man konnte gleichzeitig auch um Subventionen aus anderen Bundesländern und dem Bund ansuchen.

Das Museumsgebäude selbst spielt eine bedeutende Rolle in der Geschichte der Juden im Burgenland. Denn es handelt sich dabei um jenes Gebäude, das gemeinhin unter »Wertheimersches Freihaus« bekannt ist. Samson Wertheimer, der 1658 in Worms geboren wurde und 1724 in Wien gestorben ist, war zur damaligen Zeit nicht nur der wichtigste Kreditgeber und Hoffaktor am Kaiserhof in Wien, sondern verfügte auch über ein enormes talmudisches Wissen und war zudem Landesrabbiner von Ungarn. Da es für ihn nach der Vertreibung der Juden aus Wien durch Kaiser Leopold I. nicht mehr möglich war, dieses Amt in der Hauptstadt auszuüben, ging er nach Eisenstadt und wurde dort durch sein Walten zu einem der wichtigsten Proponenten in der Etablierung jüdischen Lebens im Burgenland. Bereits im Jahr 1696 steht dieser Bau in verschiedenen Urkunden verzeichnet, als »Haus, wo die Synagog' ist«. Das kleine Palais wurde aufgrund der langjährigen Verdienste, die Wertheimer der Fürstenfamilie erwiesen hat, von der Familie Esterházy finanziert. Nach dem Jahr 1708, als die jüdische Gemeinde Eisenstadt im Zuge der Kuruzzenkriege (1704–1708) in Eisenstadt zersprengt wurde, und viele Gemeindemitglieder nach Wiener Neustadt und Wien flohen, bemühte sich Samson Wertheimer intensiv, die Gemeinde wieder aufzubauen. Er versuchte in seiner Wiener Wohnung gemeinsam mit dem berühmten Rabbiner Meir ben Isaak, auch Maharam Asch genannt, die Flüchtlinge zur Rückkehr nach Eisenstadt zu bewegen. Er unterstützte den Wiederaufbau der Synagoge tatkräftig und auch das Wertheimer-Haus wurde erbaut. Angeblich besuchte Wertheimer seine Residenz bis zu seinem Tod nur einmal.

In den folgenden Jahrhunderten wird die Geschichte des Wertheimer-Hauses durch seine verschiedenen Besitzern geprägt. Da wird zum Beispiel am Anfang des 19. Jahrhunderts Joseph Hirschler zum neuen Eigentümer des Hauses, nachdem es ihm von Nikolaus II. Esterházy verkauft wurde. Seine Pläne mit der Immobilie fanden aber gar keinen Gefallen in der jüdischen Gemeinde von Eisenstadt, wollte er doch nicht nur alle Einwohner des Hauses vertreiben, sondern auch die private Synagoge auflassen. Der Sturm der Entrüstung brachte den Fürsten schließlich dazu, diesen Verkauf wieder rückgängig zu machen. So grob Hirschler in dieser Sache vorgegangen sein mag, bewies er doch ein paar Jahre später Weitblick in künstlerischer Hinsicht. Hirschler, zu dieser Zeit ein einflussreiches Mitglied der Gemeinde in Lackenbach, gilt als der Entdecker und Förderer des jungen Franz Liszt.

Ein paar Jahre danach, im Jahr 1875, war es eine der prominentesten Familien Eisenstadts, die den Besitz des

Hauses übernahm – die Familie des Weinhändlers Ignaz Wolf. Die Familie und deren Bedienste bezogen nicht nur die Wohnungen im Haus, sondern der Standort wurde ebenso der Hauptsitz des Weingroßhandels »Leopold Wolf's Söhne«. Bis zur gewaltsamen Arisierung 1938 blieben Haus und Firma im Besitz der Familie.

Bildnis von Samson Wertheimer (1658–1724) im Jüdischen Museum

Nach dem Zweiten Weltkrieg wurde das Haus von Frieda Löwy-Wolf, die 1945 zurück nach Österreich kam, um sich um die arisierten Besitzungen der Familie zu kümmern, an den burgenländischen Landesverband des Roten Kreuzes verkauft. Ermöglicht hat diesen Verkauf die sogenannte »Schweizer Spende«. Im Jahr 1977 zog das Rote Kreuz aus den Räumlichkeiten aus und das Land Burgenland überlies sie dem Verein »Österreichisches Jüdisches Museum«, mit der Auflage zur statutengemäßen Einrichtung und Betriebs des Museums. Bis ins Jahr 1978, dem Beginn der Renovierungs- und Adaptionsarbeiten, wurden die Ausstellungen des Museums im In- und Ausland gezeigt, wie im Schloss Esterházy und in Halbturn. Ein schöner Erfolg: Die Ausstellung »Judentum im Mittelalter« wurde auch nach Bet Hatefuzot in Israel eingeladen.

Im Jahr 1982 war es dann endlich soweit: Das Museum im Wertheimer-Haus wurde eröffnet. Die Statuten des Vereins besagen bis heute, dass nur juristische Personen als ordentliche Mitglieder aufgenommen werden können. Darunter sind das Bundesministerium für Finanzen sowie für Unterricht und Kunst, die einzelnen Landesregierungen der neun Bundesländer, die Freistadt Eisenstadt und der Bundesverband der Israelitischen Kultusgemeinden Österreichs. Alle ordentlichen Mitglieder, bis auf die Israelitischen Kultusgemeinden (sie stellen einen der beiden Vizepräsidenten), haben sich durch ihre Zugehörigkeit dazu verpflichtet, den Verein durch Mitgliedsbeiträge und Subventionen zu unterstützen. In Zukunft – und in Hinblick auf immer knappere Budgets öffentlicher Institutionen – sollen aber auch Privatpersonen und -institutionen vermehrt das Angebot gemacht werden, das Museum finanziell zu unterstützen, etwa im Rahmen eines Vereins der Freunde des Museums.

Die monetäre Situation ist auch eines der virulentesten Probleme des Museums, die **Johannes Reiss**, der langjährige Direktor, anspricht. Selbstverständlich weiß er sich damit in bester Gesellschaft mit anderen Museumsleitern in Österreich und im Ausland. Nicht regelmäßig ausreichend Budget zugesprochen zu bekommen, um eigene Ausstellungen kuratieren zu können, die dann unter Umständen auch an andere Häusern vermittelt werden, musste er in den letzten Jahren schmerzlich registrieren. Nichtsdestotrotz ist sein Engagement für das Haus ungebrochen. Und das seit mehr als zwanzig Jahren. Es war im Jahr 1984 als der aus Wiener Neustadt stammende Student der Judaistik, der Altsemitischen Philologie und Orientalischen Archäologie als Ferialpraktikant ans Haus kam und in den folgenden Jahren immer mehr (Arbeits-)Zeit investierte. Im Jahr 1989 wurde er zum Direktor des Hauses ernannt und ist es seit dieser Zeit auch geblieben. Eine Berufung mit vielen Auf und Abs.

Bei einer Führung durch die permanente Ausstellung merken wir unmittelbar, mit welcher Energie und mit wie viel Herzblut Johannes Reiss bei der Sache ist. Eine Führung, die er meist in der Privatsynagoge der Wertheimers beginnt. Diese Synagoge ist ein Juwel jüdischer Kultur in Österreich und sie ist noch eine der wenigen geweihten Synagogen außerhalb von Wien. Sie wurde 1979 von Akiba Eisenberg, dem Vater des jetzigen Oberrabbiners von Wien, Paul Chaim Eisenberg, neu eingeweiht und ab und zu – nicht sehr oft – finden in ihr auch noch heute Gottesdienste statt. Diese werden manchmal organisiert von Nachkommen jüdischer Burgenländer, die nach ihren

Wurzeln und den letzten Spuren ihrer Verwandten, nach deren Herkunftsorten und ehemaliger Heimat suchen. Es ist jedes Mal ein sehr berührender Moment, wenn ihnen Johannes Reiss die Jahrestafeln in der Synagoge oder die Grabsteine auf den beiden jüdischen Friedhöfen zeigt und manche Besucher dadurch verwandtschaftliche Beziehungen wieder rekonstruieren können. Mit Verve und profundem Wissen führt der Direktor durch das Museum, präsentiert das »beste« Porträt von Samson Wertheimer, die einzelnen Sammlungsobjekte, die die jüdischen Feste und die verschiedenen Lebensabschnitte dokumentieren. Neben Preziosen, wie einem besonders schön gefertigten Chanukkah-Leuchter, Thorarollen, Thoraschilder aus Silber und seltene Thoravorhänge oder einer Chuppa (einem Trauungsbaldachin) bekommt der Besucher auch Einzigartiges, wie Adolf Hitler als Hamanpuppe, zu sehen. Dieser Puppe erklärend gegenübergestellt hängt ein ergreifendes Foto der ersten Purimfeier nach dem Krieg aus dem Jahr 1946 von »Displaced Persons« bei Landsberg, dem Außenlagerkomplex Dachaus. Oder ein Spielkartenset, zu dem Johannes Reiss die Frage stellt, wann es Juden und Jüdinnen denn erlaubt sei, dem Kartenspiel zu frönen. Er verbindet diese Frage mit einer Anekdote aus dem 18. Jahrhundert über Frumet Wolf, von Gemeindemitgliedern Babe Frumet genannt, der Frau von Chajim Halevi Wolf, die nicht nur mittels »Pasquill Zettelech«, aus Unzufriedenheit über die Gemeindeverwaltung, die Funktionäre der Gemeinde angegriffen und mit Hohn und Spott bedacht hat, sondern auch eine passionierte Kartenspielerin gewesen ist. Sie umging das Verbot des Kartenspielens und die Restriktionen der jüdischen Gesetze mit vielen Tricks. So hat sie sich immer wieder den Schlüssel zu Wohnungen von Wöchnerinnen beschafft, um dort ihrem Laster nachgehen zu können – was auch die Frage von Johannes Reiss beantwortet, wann Jüdinnen das Kartenspiel erlaubt ist. Oder sie fuhr an Feiertagen oder Halbfeiertagen mit Freundinnen in ein nahe gelegenes Dorf, wo das Verbot der Gemeinde nicht mehr galt, um dort zu spielen.

Ein Gedenkraum, ein Medienraum und eine wohl sortierte Bibliothek mit einem Archiv wertvoller Schriften sind weitere Bestandteile des Museums, das mit Ausstellungen und regelmäßigen Veranstaltungen wie Lesungen, Diskussionen oder Konzerten überregional Aufmerksamkeit erregt. Das ist ein wichtiger Aspekt der Arbeit von Johannes Reiss, wie er immer wieder betont. Im Gegensatz zu den engen finanziellen Mitteln, mit denen das Museum ausgestattet ist, geht die öffentliche Wahrnehmung weit über die Grenzen des Burgenlands hinaus. Es wird sehr gerne in Tourismus-Foldern des Bundeslands Werbung mit und für diese Institution gemacht. Dadurch erlangt das Museum die Bedeutung, für die sich Johannes Reiss seit mehr als 20 Jahren einsetzt. Die Veranstaltungen werden nicht nur von Einheimischen, sondern auch von Gästen aus Wien oder Niederösterreich regelmäßig besucht. Viele Lehrer kommen mit ihren Schulklassen in das Museum, um ihnen die Geschichte der Juden, der jüdischen Gemeinden im Burgenland und deren brutale Auslöschung zu vermitteln. Was Johannes Reiss besonders an den Besuchen durch Schulklassen freut, ist, dass es dabei meistens Eigeninitiativen der Lehrer sind und sich nicht um ein von einem Landesschulrat aufoktroyiertes Programm handelt. Immer häufiger bemerkt er auch, dass das Allgemeinwissen über diesen bedeutenden historischen Abschnitt des Landes stetig im Steigen begriffen ist. Wobei es noch immer Querschüsse aus der Politik zu vermelden gibt. Selbstverständlich lädt Reiss die verantwortlichen Politiker des Landes zu Eröffnungen und Veranstaltungen ein, manchmal auch mit der Anfrage verbunden, doch eine Ansprache zu halten. Aber meistens wird dann doch nur ein/e Ersatzmann/frau dazu abkommandiert. Es ist nun einmal ein politisches Faktum, dass in diesem Land nicht mehr um Wählerstimmen von Juden gebuhlt werden muss, wie Johannes Reiss ausdrücklich betont.

Selbst wenn von ihm in seiner langjährigen Tätigkeit als Direktor des Österreichischen Jüdischen Museums in Eisenstadt überdurchschnittlich viel Eigeninitiative und persönliches Engagement abverlangt wird, sieht er dennoch viele Ziele, die er noch realisieren möchte. Dazu zählen langfristige finanzielle Zusagen um zumindest ein oder zwei hausinterne Wechselausstellungen pro Jahr organisieren und präsentieren zu können. Die Intensivierung der Zusammenarbeit mit anderen Institutionen im Land, die sich der Geschichte der Juden im Burgenland verschrieben haben, und die Herausgabe einer detaillierten und kommentierten Monografie eben über diese Geschichte. Wären dies die letzten Erfolge, die er noch als Direktor des Museums erreichen will? Johannes Reiss kann diese Frage nicht ganz beantworten: Natürlich wird er diese Ziele noch mit der ihm innewohnenden Energie und Motivation anstreben und darum kämpfen. Gerade im Jahr 2012, wenn das Museum mit verschiedensten Aktivitäten sein 40-jähriges Jubiläum feiert. Und es ist ihm, dem Museum, dem Bundesland und auch Österreich zu wünschen, dass er seine Ziele erreichen wird.

Johannes Reiss führt uns nach dem Museum durch die Unterbergstraße und zu den beiden jüdischen Friedhöfen Eisenstadts. In der Unterbergstraße zeigt er uns den Ort, wo die ehemalige Synagoge stand. Die alte Synagoge ist wahrscheinlich um 1690 erbaut worden. Immer wieder haben Brände die Synagoge sehr in Mitleidenschaft gezogen und mit der Zeit wurde sie auch zu klein für die wachsende Gemeinde. Daher erfolgte 1832 die Grundsteinlegung für einen neuen Tempel. Für die Architektur zeichnete Charles Moreau, der Hofarchitekt des Fürsten Esterházy, verantwortlich. Johannes Reiss erklärt, dass die Synagoge laut Augenzeugen im Jahr 1938 nicht von den Nazis niedergebrannt wurde, da sie sich in einem geschlossenen Häuserensemble befand und die Gefahr eines Flächenbrands zu groß gewesen wäre. Nichtsdestotrotz wurde der Innenraum der Synagoge in der Reichkristallnacht, jene unselige Nacht vom 9. auf den 10. November 1938, von einer mit Hacken bewaffneten Nazi-Meute zerstört. Ein weiterer Ausdruck unverhohlenen Hasses gegen Juden. Gegenüber jenen jüdischen Mitmenschen, die schon Monate und Wochen zuvor aus der Stadt vertrieben wurden. Die Frage nach dem Antisemitismus ohne Juden steht im Raum.

Der Innenraum wurde von der Wehrmacht in einen Depotraum umfunktioniert. Nach dem Krieg verkaufte die Israelitische Kultusgemeinde Wien 1951/52 das Gebäude an den Österreichischen Gewerkschaftsbund, der es abreißen ließ und am neuen Haus eine Gedenktafel anbrachte. Die Immobilie ist nun seit den 1980er-Jahren im Besitz einer Versicherungsgesellschaft, die die alte Tafel durch eine neue ersetzte.

Vorbei an einem alten Haus in der Unterbergstraße 15, auf dem sich noch ein Levitenkrug – ein Zeichen dafür,

Grabmal des Rabbiners Meir ben Isaak (1670–1744), auch Maharam Asch genannt

dass darin die Familie eines Leviten (Tempeldieners) gelebt hat – am Torbogen befindet, und dem Krankenhaus gelangen wir zum alten jüdischen Friedhof, der aus dem Jahr 1679 stammt. Man merkt dem Friedhof sofort an, dass er fürsorglich gepflegt wird. Johannes Reiss befindet sich in seinem Element. Der Judaist erklärt und übersetzt Inschriften auf Grabsteinen, verweist auf einzelne Familiengeschichten Eisenstädter Juden. Beim Grabstein von Meir ben Isaak (1670–1744) verweilt er länger und spricht über die Bedeutung dieses berühmten Rabbiners, der sich später selbst den Namen Maharam Asch (eine hebräische Abkürzung für »Unser Lehrer, Rabbiner Meir Eisenstadt«) gab. Er wurde 1717 von Samson Wertheimer nach Eisenstadt geholt und wirkte dort bis zu seinem Lebensende. Sein Ruf als Lehrer an der Eisenstädter Jeschiwa reichte weit über die Grenzen des Landes hinaus. Noch heute besuchen orthodoxe Juden aus aller Welt sein Grab. Aber nicht nur Meir Eisenstadt war für den ausgezeichneten Ruf der Jeschiwa verantwortlich, erläutert Johannes Reiss und nennt Namen wie Isak Moses Perles (1784–1854) und Esriel Hildesheimer (1820–1899), der zu den Mitbegründern der Neoorthodoxie zählt. Eine Strömung, die sich gegen das Aufkommen des Reformjudentums (vgl. auch Kapitel »Rechnitz«) wandte.

Wir folgen Johannes Reiss weiter zum neuen jüdischen Friedhof. Der alte Friedhof war im Jahr 1875 voll belegt, daher musste ein neuer angelegt werden. Er liegt in der Moreau-Straße neben einem Parkhaus. Eine weitläufige Anlage, die in der Nacht vom 31. Oktober auf den 1. November 1992 international traurige Berühmtheit erlangte: In dieser Nacht schändeten ruchlose Neonazis diesen Friedhof. Menschenverachtende Parolen wurden auf zahlreiche Grabsteine geschmiert. Diese Schändung veranlasste Johannes Reiss zur Aufarbeitung und Übersetzung der Inschriften der Grabsteine. Es war die Angst, dass dieses Kulturgut bei einem neuerlichen Anschlag für immer verloren gehen könnte, die Reiss zu diesem Projekt bewogen hat. Er publizierte im Jahr 1995 das umfangreiche, wunderbare Kompendium »Hier in der heiligen Jüdischen Gemeinde Eisenstadt«. Ein massives bibliophiles Stück beeindruckender Erinnerungsarbeit.

Johannes Reiss zeigt uns noch das Marmorgrab von Leopold Wolf, eines der schönsten und auffälligsten des jüngeren Friedhofs und verweist gleichzeitig auf das Mausoleum der Familie Wolf, am Ortsrand von Eisenstadt, an den Hängen des Leithagebirges. Leopold Wolf war ein Angehöriger, der schon erwähnten bekannten jüdischen Familie, und wurde 1866 geboren. Wolf war ein erfolgreicher Geschäftsmann, der nicht nur Finanzvorstand der Weingroßhandlung der Wolfs war, sondern nebenbei auch Ämter innehatte, wie Gemeinderat von Oberberg-Eisenstadt und Verwaltungsrat der Eisenstädter Bank für Burgenland. Er genoss überaus hohes Ansehen in der Gemeinde. Dann aber heiratete er 1896 Ottilie Laschober, eine Christin, die nicht zum Judentum konvertieren wollte. Ein ungeheurer Fauxpas für die jüdische Gemeinde. Der Rabbiner weigerte sich, die Synagoge durch dieselbe Tür zu betreten, durch die das Ehepaar Wolf zuvor ebenfalls gegangen war. Um die Krise in der Gemeinde nicht noch weiter zu verschärfen, wurde eine unkonventionelle Lösung gefunden. Man brach einfach eine neue Tür in die Synagoge, durch die der Rabbiner nun schreiten konnte. Leopold Wolf starb im Jahr 1926 und wurde in dem pompösen

Grab am jüngeren Friedhof bestattet. Seiner Frau, die ein Jahr später starb, war das verboten. Aber nicht nur der jüdische Friedhof war ihr verwehrt, sondern auch der christliche. Daher errichtete die Familie Wolf dieses Urnen-Mausoleum, in dem Ottilie und andere Familienmitglieder, die zwischen 1938 und 2001 verstorben sind, ihre letzte Ruhestätte fanden.

Das Mausoleum der Familie Wolf

Ein Name muss im Buch noch unbedingt Erwähnung finden, meint Johannes Reiss. Wir sind inzwischen wieder beim Jüdischen Museum angekommen. Quasi zwischen Tür und Angel erinnert er noch an Sándor Wolf, der 1871 in Eisenstadt geboren wurde. Eigentlich Alexander Wolf genannt, übersetzte er in seinen Publikationen seinen Vornamen ins Ungarische und gab sich selbst den Namen Sándor. Johannes Reiss bezeichnet ihn als herausragendste Persönlichkeit der Familie und der jüdischen Gemeinde am Ende des 19. und in der ersten Hälfte des 20. Jahrhunderts. Eine Persönlichkeit, die auch im Romanfragment »Cella oder die Überwinder« von Franz Werfel aus dem Jahr 1938/39 in der Figur des Baron Jacques Emanuel Weil beschrieben wurde. Franz Werfel setzte mit diesem Werk dem Schicksal der Juden der Siebengemeinden ein literarisches Denkmal.

Sándor Wolf widmete sich neben seiner erfolgreichen Arbeit in den Wolfschen Betrieben eingehend der Archäologie und führte selbst Grabungen im pannonischen Raum durch. Außerdem war er ein eifriger Sammler von Antiquitäten und Kunstobjekten. Um 1930 war seine Sammlung bereits auf mehr als 6.000 Kunstobjekte angewachsen, davon war ein beträchtlicher Teil wertvolle Judaica. Er publizierte zahlreiche wissenschaftliche Arbeiten und beschäftigte sich, nachdem er Theodor Herzl persönlich kennengelernt hatte, intensiv mit dem modernen Zionismus.

Er musste nach der Beschlagnahmung seiner Güter 1938 aus Eisenstadt fliehen. Über Italien kam er nach Palästina. Die Vollendung seines zionistischen Traums, die Staatsgründung Israels, hat er nicht mehr erlebt. Er starb bereits 1946 in Haifa.

Kurz zuvor hat er noch in einem Brief an die Familie Stock in Triest geschrieben, dass er nie wieder nach Eisenstadt zurückkehren werde, »weil man uns die Heimatliebe ausgebläut hat«.

Eine Aussage, die uns Johannes Reiss bei der Verabschiedung mit auf den Weg gibt. Eine Aussage, die leider auf die meisten vertriebenen Juden Eisenstadts zutrifft.

Wir gehen zurück in die Innenstadt. Es ist Dezember. Vorweihnachtliche Nachmittagsstimmung in der Fußgängerzone von Eisenstadt, die Straßen sind mit Sternen und Girlanden geschmückt. In einer Seitengasse, der Fanny-Elßler-Gasse, befindet sich das Geschäft eines Juden, der einer der wenigen war, die trotz aller menschenunwürdigen Widrigkeiten, die ihm zustießen, wieder nach Eisenstadt zurückgekehrt ist. Wir stehen vor dem Modegeschäft der Familie Schiller.

Davor werden dunkle Herrenjacken und Weihnachtsmannmützen angeboten. Ein junger Mann, Mitte Dreißig, sitzt hinter dem Ladentisch und macht die Abrechnung. Vor ihm eine Fotografie mit goldenem Rahmen, die ihn mit seinem Großvater zeigt. Es ist ein Foto von Oskar Schiller, dem früheren Besitzer des Geschäfts. Der kleine Junge, der neben ihm sitzt, ist Patrick Frankl, von dem wir soeben freundlich begrüßt werden. Er führt nun die Geschäfte dieser Modeboutique, deren Sortiment hauptsächlich Bekleidung für die ältere Generation anbietet.

Unwillkürlich stellt sich die Frage, was den jungen Mann in dieses Umfeld geführt haben mag.

Patrick Frankl, 1978 in Wien geboren und dort aufgewachsen, sieht sich nicht als Einheimischer. Jedoch haben ihn seine familiären Wurzeln, die über Generationen mit dem Burgenland verbunden sind, nach Eisenstadt geführt. Er ist der Enkel von Oskar Schiller, dem »Schillerjud«. Seine Mutter Nora, die in Eisenstadt geboren wurde, verlässt bereits nach ihrer Schulzeit die Stadt und zieht nach Wien. Für Patrick Frankl, der ohne Vater aufwächst, wird sein Großvater Oskar zu einer prägenden Figur in seinem Leben. Er bezeichnet ihn selbst als eine Art Vaterersatz, der auch wichtigen Einfluss auf seine Erziehung und Ausbildung nimmt. So war es dem Großvater ein tiefes Anliegen, dass sein Enkel die Zwi-Perez-Chajes-Schule in Wien besucht. Er sollte die Möglichkeit bekommen, in einem jüdischen Umfeld aufzuwachsen. Allerdings sollte Patrick vor dem Nachhauseweg seine Kippa abnehmen, wie ihm Oskar Schiller aufgrund seiner Erfahrungen aus Vorsicht nahelegte. Es war auch sein Großvater, der ihm die Geschichte der Juden in Eisenstadt nahebrachte. Zum Beispiel, indem er ihn immer wieder in die Privatsynagoge des Wertheimerschen Hauses mitnahm. Bis heute kann sich Johannes Reiss noch bildlich daran erinnern, wie Patrick als Kind in der Synagoge gesungen hat.

Oskar Schiller ist die essenzielle Bezugsperson für Patrick Frankl in der Herausbildung seiner jüdischen Identität und seiner Beziehung zu Eisenstadt. Frankl wird erst viele Jahre später bewusst, welch wichtigen Beitrag sein Großvater zur Bewahrung des jüdischen Kulturerbes von Eisenstadt beigetragen hat. Viel schwieriger war es für ihn, mit seinem Großvater über dessen persönliche Erlebnisse und die seiner Familie nach der Vertreibung aus dem Burgenland zu sprechen. Eine Familie, die über Generationen das jüdische Leben in Eisenstadt mitgeprägt hat.

Die Familie Schiller war lange Zeit im Lebensmittelhandel tätig. Oskar Schiller wurde 1918 geboren und wird traditionell religiös erzogen. Von Kindesbeinen an mussten er und seine Geschwister, zwei Brüder und eine Schwester, im Geschäft mithelfen. Er schließt die Ausbildung zum Handelskaufmann ab. Mit dem Einmarsch der Nationalsozialisten in Österreich wird die Familie ausein-

Patrick Frankl, Geschäftsführer Schiller-Moden

andergerissen. Oskar Schiller gelingt die Flucht nach Bratislava, wo er im Untergrund lebt. Er lernt dort seine zukünftige Frau Elisabeth kennen, eine Nichtjüdin. Sie begegnen sich zum ersten Mal in der Bibliothek, wo sie arbeitet. Für beide ist es Liebe auf den ersten Blick. Die gemeinsame Affinität zu Büchern wird sie ein Leben lang begleiten. Patrick Frankl bezeichnet seinen Großvater als regelrechten Buchfetischisten. Etwas später wird Oskar Schiller verraten und ins Konzentrationslager Sachsenhausen deportiert. Im Winter 1944/45, noch bevor die Rote Armee das Lager erreicht, wird er auf einen der Todesmärsche Richtung Westen geschickt. Während des Marsches gelingt Oskar Schiller gemeinsam mit seinem Freund Paul Rosenfeld die Flucht. Die körperlich gut konstituierten Männer stützen und tragen sich gegenseitig und können nur so diese unvorstellbaren Strapazen überleben. Die zwei Männer kehren in ihre Heimatgemeinden zurück. In dem absoluten Chaos der Nachkriegszeit sehen sie in ihrer Rückkehr die einzige Hoffnung, auf Überlebende ihrer Familien zu treffen. Sie warten vergeblich, denn niemand kehrt zurück. Trotzdem bleiben sie. Paul Rosenfeld lebt bis zu seinem Tod als erfolgreicher Weizenhändler in Frauenkirchen. Er stirbt ohne Nachkommen (vgl. Kapitel »Frauenkirchen«).

Oskar Schiller gelingt es, seine große Liebe Elisabeth aus Bratislava nach Eisenstadt zu holen. Sie heiraten, nachdem sie zum Judentum konvertiert ist. Für Patrick Frankl stellt die Konversion seiner Großmutter vor allem einen Akt der Liebe dar. Es geschah weniger aus einer tiefen religiösen Überzeugung heraus. So war es auch Oskar Schiller, der seinen Kindern und Enkelkindern jüdische Bräuche und Traditionen vermittelt hat.

Nach dem Krieg bekommt er nur eines der beiden Geschäftslokale seiner Familie restituiert und eröffnet dort einen Textilhandel. Mit diesem Textilhandel deckte er in den wirtschaftlichen Notzeiten nach dem Zweiten Weltkrieg eine Nische ab. Es wird ihm hoch angerechnet, dass er seinen Kunden durch die Vergabe von Krediten und die Möglichkeit der Ratenzahlung entgegenkommt. »Schillermoden« kann sich in der Stadt schnell etablieren. Wie Patrick Frankl erzählt, stand sein Großvater jeden Tag im Geschäft. Kamen aber jüdische Touristen in den Laden, ließ er sofort alles liegen und stehen, um ihnen die jüdischen Friedhöfe zu zeigen, zu denen er die Schlüssel hatte. Schiller empfindet es als seine persönliche und moralische Verpflichtung, das Andenken an die jüdische Geschichte der Stadt aufrechtzuerhalten. Deswegen engagiert er sich in den 1970er-Jahren maßgeblich bei der Gründung des Österreichischen Jüdischen Museums in Eisenstadt. Oskar Schiller tritt Zeit seines Lebens als selbstbewusster Jude in der Öffentlichkeit auf.

Er stirbt im Jahr 2005 in Eisenstadt.

Die Nachfolge des Familienbetriebs soll zuerst Georg Schiller antreten. Dieser kann jedoch aus gesundheitlichen Gründen das Geschäft nicht übernehmen. Daher übernehmen 2006 Patrick und seine Mutter die Geschäftsführung. Patrick Frankl, der kurz zuvor sein Wirtschaftstudium in den USA beendet hat, sieht in der Übernahme des Geschäfts nicht nur eine Herausforderung im wirtschaftlichen Sinn, sondern auch die Verpflichtung das Traditionshaus weiterzuführen. Dafür nimmt er in Kauf, mehrmals pro Woche von Wien nach Eisenstadt zu pendeln. Es ist ihm eine Herzensangelegenheit, das Erbe seines Großvaters anzutreten. Wenn Patrick Frankl heute im

Geschäft steht, wird er noch immer an den »Schillerjud«, seinen Großvater, erinnert. Besonders wenn Stammkunden kommen, um über die alten Zeiten zu reden. Aufgrund seiner Erinnerungen, die ihm sein Großvater weitergegeben hat, wird er auch immer wieder zu Vorträgen und Diskussionen über die Geschichte der Juden im Burgenland eingeladen. Quasi als »Zeitzeuge«.

Nichtsdestotrotz ist ihm klar, dass ihn sein beruflicher Lebensweg in naher Zukunft aus Eisenstadt wegführen wird. Sein Lebensmittelpunkt ist Wien, wo er mit seiner Frau und seinen beiden Kindern lebt. Wo es auch eine lebendige und vielfältige jüdische Gemeinde gibt. Eine jüdische Gemeinde die es, wie er überzeugt ist, in Eisenstadt niemals wieder geben wird. Mit dieser nahenden Entscheidung wird ein weiteres – das letzte – Kapitel jüdischen Lebens in Eisenstadt geschlossen werden. Er wird damit für unbestimmte Zeit der letzte jüdische Kaufmann der Stadt gewesen sein.

Der jüdische Friedhof in Mattersburg

Mattersdorf / Mattersburg / Kirjat Mattersdorf

Schenkt man der Sage Glauben, dann sind sechs sephardische Brüder, die aus Spanien fliehen mussten, für die Gründung der ersten jüdischen Gemeinde von Mattersdorf am Ende des 15. Jahrhunderts verantwortlich. Auf jeden Fall lebten bis ins Jahr 1938 in Mattersburg Angehörige der Familie Schischa (aus dem Hebräischen für »sechs«), die sich als direkte Nachfahren dieser Sefaradim sahen. Sie sind heute über alle Welt verstreut. Vertraut man nachweisbareren Quellen, dann kam es erst im Jahre 1527 zur Gründung einer jüdischen Gemeinde in Mattersdorf (erst 1924 wird die Stadtgemeinde in Mattersburg umbenannt). Juden, die aus Ödenburg vertrieben wurden, siedelten sich damals in der Grafschaft Forchtenstein mit ihrem Hauptsitz Mattersdorf an. In Folge war das Leben der Juden in diesem Ort einem ständigen Wechsel von Vertreibung und Rückkehr unterworfen, gerade, wie es den jeweiligen Herrschern und Grundherren zu Gesichte stand. Im Jahr 1622 übernahmen die Esterházys Mattersdorf und ab diesem Zeitpunkt kehrten einigermaßen geordnete Bedingungen in das Leben der jüdischen Gemeinde. Sie mussten zwar auch den Ort im Jahr 1671 verlassen, als Leopold I. alle Juden aus seinem Einflussgebiet vertreiben ließ. Manche gingen für immer, aber der Großteil wartete in mährischen Gemeinden auf die Möglichkeit zur Rückkehr. Das Exil der Mattersdorfer Juden dauerte vier Jahre bis 1675 an. Im Jahr 1694 bekam die Gemeinde dann endlich auch einen Schutzbrief von Paul Esterházy. Der Schutzbrief wurde auch von dessen Nachfolgern in der Regel verlängert. Diese rechtliche Sicherheit bildete die Grundlage für die weitere Entwicklung der Gemeinde. Der Brief garantierte den Juden eine Art politischer Autonomie, bei der sie selbst ihre Vertretungsorgane wählen konnten. An der Spitze der Mattersdorfer Judengemeinde standen fünf Männer. Zwei waren Repräsentanten der Kultusgemeinde und für religiöse Angelegenheiten zuständig, zwei andere deckten die politische Ebene ab. Der letzte sollte beide Ebenen abdecken, sowohl die religiöse als auch die politische. Diese fünf Männer wurden von Nichtjuden als Richter und Geschworene anerkannt. Sie hatten auch innerhalb der Kultusgemeinde Kompetenzen in der Gerichtsbarkeit. Die von ihnen verhängten Strafen mussten jedoch der Herrschaft zur Kenntnis gebracht werden.

Die jüdische Bevölkerung in Mattersdorf stieg im Laufe des 18. Jahrhundert schnell an. Um 1785 verzeichnete die jüdische Gemeinde bereits 767 Mitglieder. Ein Grund dafür war, dass Paul Esterházy im Jahr 1739 die jüdische Gemeinde im Nachbarort Neufeld aufgelöst hatte und die meisten Juden daraufhin nach Mattersdorf zogen. Schätzungen zufolge erreichte die Kultusgemeinde Mattersdorf in der Mitte des 19. Jahrhunderts mit fast 1.500 Mitgliedern ihren zahlenmäßigen Höchststand. Ab dem Ende des 19. Jahrhunderts ist in Mattersdorf, wie in allen anderen Gemeinden im Burgenland, ein signifikanter Rückgang der jüdischen Bevölkerung zu verzeichnen. Lebten 1883 noch 700 Juden im Ort, waren es 1934 nur mehr 511 Juden.

Ansicht des jüdischen Viertels

Das jüdische Leben in Mattersdorf spielte sich über lange Zeit in einem Siedlungskern in der Nähe des Wulkabaches ab. Da die Gemeinde stetig im Wachsen begriffen war und die Herrscher ihnen keinen weiteren Zukauf von Land gestatteten, kam es oft zu prekären Lebensumständen. Den Juden war es zwar gestattet ihre Häuser aufzustocken und Wohnungen zu teilen, aber diese Enge barg immer die Gefahr der raschen Verbreitung von Seuchen und Krankheiten. Außerdem war die Gefahr einer unkontrollierbaren Ausbreitung von Bränden immer präsent, die diese auf engstem Raum zusammengestückelten Häuser hinwegfegen konnten. Da die Juden keinen landwirtschaftlichen Besitz haben durften, waren sie hauptsächlich im Handel und Gewerbe tätig. Bis ins Jahr 1859 wurde der Lebensmittelmarkt des Ortes in der Judengasse abgehalten. Sie war sehr lange das Geschäftszentrum von Mattersdorf.

Die von der Familie Esterházy zugestandene Selbstverwaltung förderte die Herausbildung einer eigenständigen Kultur, Tradition und Identität der Mattersdorfer Juden, die bis ins Jahr 1938 an diesem Ort aufrechterhalten werden konnte. Dies zeigt sich auch an der Lehrtätigkeit berühmter Rabbiner an der Jeschiwa in Mattersdorf. Unter vielen anderen lehrte der führende orthodoxe Rabbiner des 19. Jahrhunderts, Moses Sofer, bekannt als Chatam Sofer, an der Mattersdorfer Jeschiwa. Sofer wurde 1762 in Frankfurt am Main geboren. Dort waren Pinchas Horowitz und Nathan Adler seine bedeutendsten Lehrer. Er war zunächst Rabbiner in Dresnitz in Mähren bevor er 1797 nach Mattersdorf kam. Hier konnte er eine der bedeutendsten Jeschiwa etablieren, zu der Schüler aus vielen Ländern zum Thora- und Talmudstudium kamen.

1806 wurde Sofer zum Rabbiner von Pressburg ernannt, wo er für den Rest seines Lebens blieb. Er starb 1839 in dieser Stadt. Sofer schrieb zahlreiche Werke, doch zu seinen Lebzeiten wurde kaum etwas von ihm veröffentlicht. Unmittelbar nach seinem Tod begann seine Familie, seine Schriften herauszugeben. Sie enthalten unter anderen sieben Bände Responsen und zwei Bände Predigten, Novellen zum Talmud, Kommentare zur Thora, Briefe, Gedichte und ein Tagebuch.

Aber nicht nur die Jeschiwa von Mattersdorf war bekannt. Die ständige Angst vor einer Feuersbrunst, wie vorhin erwähnt, dürfte Grund dafür sein, dass es hier eine eigene »jüdische« Feuerwehr gegeben hat. Der »Verein der israelitischen freiwilligen Feuerwehr« stellte innerhalb der jüdischen Gemeinden des Burgenlandes eine Besonderheit dar. Darüber schrieb der Mattersburger Arzt und bekannte Schriftsteller Richard Berczeller in seinem Buch »Verweht«, erschienen 1983, Folgendes:

»Eine seltsame Prozession zog vor meine Wohnung: ein Dutzend jüdischer Feuerwehrleute in Uniform. Obwohl die jüdische Gemeinde ein integrierter Bestandteil der Stadt war, hatte die jüdische Feuerwehr ihre mittelalterliche Autonomie behalten. Diese Feuerwehr war des besten Rufes, sowohl unter den Juden als auch unter Nichtjuden. Wenn ein Feuer selbst in einem entlegenen Ort ausbrach, konnte man damit rechnen, dass die jüdischen Feuerlöscher zuerst hinkamen. Mir wurde nur mitgeteilt, dass ich auf einer Sondersitzung zum Präsidenten der Feuerwehr gewählt worden sei. Ich bedankte mich für die Ehre, meinte aber, dass meine Feuerwehrkenntnisse, gelinde gesagt, unzureichend wären. Man beruhigte mich, dass es keinerlei Spezialkenntnisse meinerseits bedürfe. Ich willigte ein, und dachte mir, dass es sich nur um ein Ehrenamt handelt. Zwei Wochen danach wurde ich gegen Mitternacht durch laute Stimmen geweckt. Als ich zum Fenster hinausblickte, sah ich meine Feuerwehrleute um ihren Wagen stehen. ›Beeilen Sie sich, Herr Doktor‹, riefen sie. ›In Antau brennt's!‹ Im Handumdrehen wurde mir ein Helm auf den Kopf gedrückt und eine Feuerwehrjacke angezogen. Die Stiefel zog ich mir schon im Feuerwehrwagen an. Die jüdischen Feuerlöscher kamen als erste in Antau an.«

Richard Berczeller wurde 1902 in Sopron geboren, wo er seine Jugend verbrachte und maturierte. Im Jahr 1919 mussten er und seine Familie nach dem Sturz der Räteregierung aus Ungarn aus politischen Gründen fliehen. 1920 begann er in Wien mit dem Studium der Medizin, promovierte im Jahr 1926 und ließ sich 1930 als praktischer Arzt in Mattersburg nieder. Getreu dem Leitspruch seines Lehrers Julius Tandler »Jedes Mitglied der menschlichen Gesellschaft hat einen Anspruch auf Hilfe, die menschliche Gesellschaft hat sie pflichtgemäß zu leisten« kamen seine Patienten aus allen Bevölkerungsschichten. Sie waren Bauern und Arbeiter, Juden und Christen. Neben seiner intensiven Beschäftigung mit Vorsorgemedizin, engagierte er sich auch politisch: Berczeller bezeichnete sich immer wieder als »gestandenen« Sozialdemokraten und war Bildungsreferent und medizinischer Beauftragter des Schutzbundes. Nach der Machtübernahme der Austrofaschisten unter Engelbert Dollfuß im Jahr 1933 und dem Verbot der Sozialdemokratischen Partei ein Jahr später, verlor er nicht nur seinen Kassenvertrag, seine politische Tätigkeit wurde sogar lebensgefährlich. Er schloss sich den Revolutionären Sozialisten an und schmuggelte sozialdemokratische Zeitungen aus Pressburg ins Burgenland. Doch all dies war, wie der Autor und Journalist Wolfgang Weisgram in einem Porträt über Richard Berczeller schrieb, freilich bloß der Vorgeschmack auf das Kommende.

Und diese Katastrophe kam für Richard Berczeller schon am 11. März 1938. Er hörte im Radio die Abschiedsrede von Kurt Schuschnigg und ihm war klar, was ihm als Jude und illegaler Sozialdemokrat passieren würde, wenn er weiter in Österreich bliebe. Er holte seinen Pass und ein paar Schilling aus der Ordination und versuchte zu entkommen. Aber schon am Bahnhof standen zwei Patienten von ihm – zwei Gendarmen, die bereits die Hakenkreuzbinde am Arm hatten. Er wurde verhaftet, seine Frau Maria und sein Sohn Peter aus der Wohnung geworfen. Sie wurden gezwungen, Mattersburg so schnell wie nur möglich zu verlassen. Über Vermittlung der Familie Freud und Marie Bonaparte schaffte es die Familie, Visa für Frankreich zu bekommen und zu fliehen. Über die verschiedensten Stationen kamen sie nach New York. In den Vereinigten Staaten arbeitete er nicht nur als Arzt, sondern er wendete sich auch erfolgreich dem Schreiben zu. In den 1960er- und 1970er-Jahren war Berczeller ständiger Autor der renommierten Literaturzeitschrift »The New Yorker« und seine in englisch geschriebene Biografie »Displaced Doctor« wurde ein großer Erfolg, und auch ins Deutsche übersetzt. Richard Berczeller war einer der wenigen jüdischen Österreicher, der offiziell eingeladen wurde, nach Österreich zurückzukommen. Er folgte dieser Einladung nicht: »Mein Sohn ist durch ein Dutzend Schulen gegangen und wollte nicht wieder neu beginnen in einem für ihn fremden Land, in einer fremden Sprache.

Meine Frau, die sich von dem Trauma, aus der eigenen Wohnung geworfen zu werden, als ich im Gefängnis saß, nach dem Anschluss, noch nicht erholt hatte, wollte auch nicht zurück«, schrieb er in einem Brief anlässlich des Ausstellungs- und Veranstaltungsprojekts »Zerstörte Jüdische Gemeinden im Burgenland. Eine Spurensicherung« im Jahr 1993. Er starb am 4. Januar 1994 in New York.

Betrachtet man das Vorgehen der Nationalsozialisten gegenüber der jüdischen Gemeinde in Mattersburg nach dem Anschluss, verwundert es keineswegs, dass die Bereitschaft zurückzukehren für Überlebende des Holocausts nur gering war. Die Mattersburger Juden wurden innerhalb weniger Monate enteignet, ausgebürgert und aus der Stadt vertrieben. Schon im September 1938 hisste der NS-Bürgermeister Franz Giefing auf der Synagoge eine weiße Fahne – als Zeichen, dass Mattersburg bereits judenrein sei. Ein Teil der 530 Juden des Orts fand Zuflucht in anderen Ländern, aber mehr als 100 Mattersburger Jüdinnen und Juden dürften in der Vernichtungsmaschinerie der Nazidiktatur umgebracht worden sein.

Dem letzten Rabbiner, Samuel Ehrenfeld, ist die Flucht nach New York gelungen. Dieser in den 1930er-Jahren hochgeschätzte Rabbiner bekam noch 1931 für seine Verdienste vom damaligen Bundespräsident Wilhelm Miklas das »Goldene Verdienstzeichen der Republik Österreich« verliehen. In der Begründung der Verleihung hieß es: »Rabbiner Ehrenfeld, der in Mattersburg, dem Zentrum der burgenländischen Judenschaft, wirkt, ist der angesehenste und verdienstvollste israelitische Seelsorger des Landes.«

Aufgrund seiner exponierten Stellung als Vertreter der burgenländischen Juden wurde Oberrabbiner Ehrenfeld in den folgenden Jahren zur bevorzugten Zielscheibe antisemitischer Hetze. Er musste 1938 emigrieren. Samuel Ehrenfeld wurde nicht eingeladen, wieder nach Österreich zu kommen.

Jerusalem. Wir folgen der Spur der Familie Ehrenfeld. Dem Taxifahrer können wir nur den Namen des Stadtviertels auf der Straßenkarte zeigen. Wir haben keinen bestimmten Platz oder eine Straße im Sinn, die wir gezielt besuchen wollen. Es geht ja um einen ganzen Stadtteil in Jerusalem als essenzieller Teil unserer Entdeckungsreisen ins jüdische Burgenland – wir fahren nach Kirjat Mattersdorf. Quasi zurück an einen Ursprung der internationalen Bedeutung der Siebengemeinden.

Kirjat Mattersdorf ist ein ultraorthodoxer Stadtteil im nördlichen Teil von Jerusalem. Wie der Name schon sagt, bezieht sich diese Gemeinde auf die lange Geschichte der Juden in Mattersdorf und insbesonders auf die sogenannte »Mattersdorfer Gelehrsamkeit«, die in der dortigen Jeschiwa über Jahrhunderte gepflegt und weitergegeben wurde und die vor 1938 überregionales Ansehen genoss. Dem letzten Rabbiner von Mattersburg gelang mit einigen anderen Gemeindemitgliedern des burgenländischen Ortes nach 1938 zuerst die Flucht nach Brooklyn, New York, wo sie ihre Tradition weiter aufrechterhielten. Rund ein Jahrzehnt

Straßenschild am Eingang zum Viertel Kirjat Mattersdorf, Jerusalem

nach der Staatsgründung Israels 1948, im Jahr 1959, gründete Ehrenfeld mit seinem Sohn Akiba die Gemeinde Kirjat Mattersdorf in Jerusalem. Heute sind **Akiba Ehrenfeld** und sein Sohn Yitzchak noch immer die rabbinischen Oberhäupter dieses Stadtteils.

Wir steigen aus dem Taxi. Vor uns das Alters- und Pflegeheim »Neveh Simcha« am Ende der Panim-Meirot-Straße, der Hauptstraße des Stadtviertels. Im 1965 eröffneten Pensionistenheim leben einige der letzten jüdischen Burgenländer. Geleitet wird das Heim von Rabbiner **Menachem Klein** und seinem Sohn. Während wir auf unser Gespräch mit dem Direktor, zu dem wir kurzfristig eingeladen wurden, warten, kommen wir mit einigen Bewohnern von »Neveh Simcha« ins Gespräch. In einer Sprachenmischkulanz aus Jiddisch, Deutsch und etwas Englisch, erzählen sie aus ihrem Leben. Von ihren bewegenden Fluchten und Odysseen, vorwiegend aus Osteuropa oder Russland, vor den Nationalsozialisten.

Rabbiner Akiba Ehrenfeld

Im Büro von Rabbiner Klein, der auf seine Vorfahren aus dem Burgenland verweist, hängen einige alte Ansichten, Aquarelle und Fotografien von Mattersdorf. Er erzählt über das Heim und dass noch immer ein sehr enger Kontakt zu Österreich und dem Burgenland besteht, die diese Institution auch finanziell unterstützen. Sein Sohn, der an

Rabbiner Menachem Klein, Leiter des Pensionistenheims »Neveh Simcha«, Jerusalem

sich nicht mehr die deutsche Sprache gelernt hat, aber aufgrund seiner Kenntnisse des Jiddischen das meiste versteht und sich auf Deutsch unterhalten kann, präsentiert uns mit einem gewissen Stolz ein Reagenzglas mit Erde. Erde aus dem Burgenland, die ihnen als Erinnerung von Landeshauptmann Hans Niessl bei seinem Besuch im Jahr 2009 überreicht wurde. Mit den im Heim wohnenden Juden aus dem Burgenland zu sprechen, sei schwer, betont Rabbi Klein, denn sie haben schon ein so hohes Alter erreicht, dass ihnen die Erinnerungen an ihre Jugend und schlimmer an die Vertreibung aus ihrem Heimatland emotional zu viel abverlangen würde. Generell sind bei den Bewohnern, die die Vertreibung und die Schoa überlebt haben, zwei Dinge zu bemerken, unterstreicht der Direktor: Die einen verdrängen diese Zeit der Verfolgung vollkommen, reden nie darüber und mit fortschreitender

Demenz geht ihre Erinnerung endgültig verloren. Die anderen wiederum sprechen gerade im fortgeschrittenen Alter immer ausführlicher über ihre Erlebnisse während des Naziterrors. So als ob sie kurz vor ihrem Ableben sicherstellen wollten, dass die Erinnerung beim jeweiligen Gesprächspartner niemals verblassen und er sie in einem aufklärerischen Sinn weitergeben möge.

Menachem Klein vermittelt uns den Kontakt zu Akiba und Yitzchak Ehrenfeld. Es war im Jahr 1877 als der 1839

Rabbiner Klein mit einem Reagenzglas, gefüllt mit Erde aus dem Burgenland, Jerusalem

in Pressburg geborene Schmuel Ehrenfeld, der Urgroßvater von Akiba Ehrenfeld, als Rabbiner nach Mattersdorf kam. Er war der älteste Enkel von Chatam Sofer und führte mit seiner Bestellung die bedeutende Rabbinerdynastie der Familien Sofer-Ehrenfeld im Burgenland fort. Es gelang ihm, die Jeschiwa des Ortes wieder zu ihrer überregionalen Größe und Bedeutung zurückzuführen. Seit diesen Jahren stand die Jeschiwa bis zum Beginn der Nazidiktatur unter der Leitung von Rabbinerfamilie Ehrenfeld. Und diese Lehrtradition wird bis heute weitergegeben, neben vielen anderen Ländern vor allem in den Vereinigten Staaten und eben in Israel.

Yitzchak Ehrenfeld, Oberrabbiner von Kirjat Mattersdorf, Jerusalem

Der Stadtteil Kirjat Mattersdorf ist ein ganz eigener Kosmos. Ein zutiefst religiöser, in sich gekehrter Ort. Der Welt abgewandt, in der wir uns normalerweise bewegen und sozialisiert sind. Es ist für uns nicht einfach, nahezu unmöglich, gedanklichen Zugang zu dieser Religiosität zu finden. Sich dieser Welt emotional anzunähern. Aber darum geht es auch nicht. Uns geht es darum, die geschichtliche Dimension des Stadtteils zu erkennen, die Substanz jener Lehrtradition, die sich über Jahrhunderte in einem kleinen Ort im Burgenland entwickelt hat und in der religiösen, jüdischen Welt von großer Bedeutung ist. Bis zum heutigen Tag. Und diese Bedeutung wird sofort ersichtlich, wenn man mit Yitzchak Ehrenfeld spricht. Er ist heute der Oberrabbiner von Kirjat Mattersdorf, der Nachfolger seines Vaters Akiba. **Yitzchak Ehrenfeld** wurde 1947 in New York geboren, besuchte noch die Jeschiwa der dortigen jüdischen Gemeinde Mattersdorf, bevor er mit seinem Vater nach Jerusalem kam, um hier diesen Stadtteil aufzubauen. Heute sind mehr als 1.000 Familien Mitglieder dieser Gemeinde und mehr als 800 Schüler und Studenten aus der ganzen Welt besuchen die Jeschiwa. Als Rabbiner hält er nicht nur Gottesdienste in der Hauptsynagoge Heichal Shmuel, die nach seinem Großvater benannt wurde, in der Panim-Meirot-Straße, sondern er lehrt auch an dieser die Jeschiwa. Ganz in der Tradition der Lehren seiner Vorfahren – von Chatam Sofer bis Samuel und Akiba Ehrenfeld. Durch die am späten Nachmittag beinahe leeren Straßen von Kirjat Mattersdorf gehen wir zurück in die Jerusalemer Innenstadt. Wir verlassen diesen Ort zurückgezogener Spiritualität und nur wenige Straßen weiter empfängt uns wieder das pulsierende Leben dieser Stadt, die versucht eine Balance zwischen orientalischer Hektik, dem Treiben der Pilger zu den Gedenkstätten dreier Weltreligionen und moderner Urbanität zu finden.

Vom Jerusalemer Kirjat Mattersdorf geht es auf unserer Reise nun in die heutige burgenländische Bezirkshauptstadt Mattersburg. Nur mehr wenige Zeichen erinnern an die einst blühende jüdische Gemeinde. Die Synagoge, die vermutlich zu Beginn des 16. Jahrhunderts errichtet und im 19. Jahrhundert umgebaut wurde, ist 1940 von den Nationalsozialisten gesprengt worden. Ein Gedenkstein, unauffällig und lieblos platziert am Rande eines kleinen Parks erinnert an das Schicksal des Tempels. Eine im Zentrum der Stadt aufgestellte Informationstafel zur Geschichte von Mattersburg erwähnt mit keinem Wort die Juden des Orts, lässt gar den Zweiten Weltkrieg und die Greuel der Nazis außer Acht. Die Judengasse besteht großteils aus Zweckbauten aus den 1950er/1960er-Jahren, es findet sich kein Erinnerungsschild an die Geschichte der jüdischen Gemeinde in Mattersburg. Lediglich eine Gedenktafel an Richard Berczeller am Hauptplatz ruft diese Geschichte etwas in Erinnerung. Auf dem Stadtplan ist der jüdische Friedhof ein großes, namenloses grünes Areal. Kein schriftlicher Hinweis darauf, was sich auf diesem

Der jüdische Friedhof in Mattersburg

20.000 m² großen Feld befindet. Der jüdische Friedhof wurde von den Nationalsozialisten vollkommen zerstört. Die meisten Grabsteine des Friedhofs wurden für Straßenbauarbeiten missbraucht. Die wenigen Steine, die nach dem Krieg noch aufgefunden wurden, sind heute in eine Mauer eingelassen. Wenn nicht der Verein »Schalom« symbolisch 150 Grabsteine aufgestellt hätte, würde das Areal kaum an einen jüdischen Friedhof erinnern. Betrachtet man diese Erinnerungszeichen, dann stellt sich unwillkürlich die Frage, warum sich die Stadt so oberflächlich ihrer Vergangenheit und Geschichte stellt. Der Geschichte der jüdischen Gemeinde, die es durch ihre Kultur und Traditionen geschafft hat, den Namen der Stadt weit über die Grenzen des Landes bekannt zu machen.

Was liest man als Einstiegssatz heute so treffend auf der Wikipedia-Seite über Mattersburg: »Besondere Bekanntheit erlangte die Stadt in den letzten Jahren in erster Linie durch den Fußballverein SV Mattersburg, der seit der Saison 2003/04 in der höchsten österreichischen Spielklasse, der Fußball-Bundesliga vertreten ist.« Nun ja, wenn man diesen stolzen Eintrag historisch interpretieren will, dann kann er als Erinnerung an den Mattersburger Juden Hermann Hirschl ausgelegt werden. Denn er war es, der im Jahr 1922 den Sportverein Mattersburg gründete.

Daher scheint sich nach den Gesprächen mit den Nachfahren des letzten Rabbiners, dem Besuch des Stadtteils »Kirjat Mattersburg« in der israelischen Hauptstadt und der Spurensuche in der burgenländischen Bezirkshauptstadt eine Aussage des österreichischen Autors und Journalisten Wolfgang Weisgram zu bestätigen. Er stellte 2009 in der Tageszeitung »Der Standard« fest: »Wenn etwas weltberühmt ist an Mattersburg, dann Mattersdorf.«

Der jüdische Friedhof in Kobersdorf

Kobersdorf

Die Geschichte der Juden in Kobersdorf geht auf die Jahre 1526/27 zurück. Die jüdische Gemeinde etablierte sich, als nach der Niederlage des ungarischen Heeres gegen die Osmanen, Juden aus Ödenburg vertrieben wurden und in Kobersdorf Zuflucht fanden. Im Jahr 1569 lebten 18 Familien in sieben Häusern im Ort und es dürfte sich bereits um eine voll ausgebildete Gemeinde gehandelt haben. Historische Quellen berichten von einer Synagoge, dem Friedhof, einem Schächter und dem Gemeindegericht. Etwas mehr als hundert Jahre später, 1671, waren auch die Kobersdorfer Juden aufgrund des »Vertreibungsdekrets« Leopold I. gezwungen, den Ort zu verlassen. Aber bald darauf wurde ihnen durch den Schutzbrief der Esterházys die Rückkehr wieder ermöglicht. Seit dem 18. Jahrhundert zählte Kobersdorf zu den »Schewa Kehillot«.

Ein Blick in die Statistik zeigt folgende Entwicklung der jüdischen Gemeinde in Kobersdorf: Im Jahr 1735 lebten 184 Juden im Ort, bis ins Jahr 1836 wuchs deren Zahl auf 716 an. Mit der generellen Abwanderung in der zweiten Hälfte des 19. Jahrhunderts nahm die Zahl der jüdischen Bewohner rapide ab, blieb aber in den Folgejahre relativ stabil. 1869 waren es 310 Juden, zur Jahrhundertwende lebten 327 Juden in der Gemeinde. Im 20. Jahrhundert kam es zu einem weiteren drastischen Rückgang der jüdischen Gemeindemitglieder, 1910 zählte man 256 und im Jahr 1934 nur mehr 172 Juden.

Das Zusammenleben von Juden und Nicht-Juden in Kobersdorf dürfte, glaubt man der Ortschronik, harmonisch gewesen sein. Die jüdische Bevölkerung soll in allen sozialen, kulturellen und sportlichen Belangen des Ortes voll integriert gewesen sein, wie Margarethe Hausensteiner über die Geschichte Kobersdorf schreibt: »Bei allen Veranstaltungen des öffentlichen Lebens waren sie mit eingeschlossen. Wir finden Vertreter der Kobersdorfer Juden auf vielen Dokumenten des Theatervereins, der Musikgruppen, des Sportvereines und bei dörflichen Festen. Die im 1. Weltkrieg gefallenen Juden sind am Kriegerdenkmal ebenso vermerkt, wie die Sportler und Funktionäre in den diversen Festschriften namentlich genannt sind. (...) Die Juden haben in Kobersdorf alle ihre Festtage nach Vorschrift gelebt und eingehalten, wobei ihnen am Sabbat christliche Nachbarn gerne behilflich waren. In den Sommermonaten kamen viele jüdische Gäste nach Kobersdorf, wo sie oft bei christlichen Familien wohnten. Da das jüdische Gasthaus nicht alle Sommergäste mit Essen versorgen konnte, wurde es in der sogenannten Riegler-Auskocherei ausgegeben.«

Den fast idyllischen Aufzeichnungen der Ortschronik über das Zusammenleben steht eine Aussage des ehemaligen Präsidenten des österreichischen Bundesrats, den aus Kobersdorf stammenden Georg Pehm, anlässlich einer Gedenkveranstaltung der Bundesregierung am 4. April 2005 für die Opfer des Nationalsozialismus entgegen. Er leitete seine Rede mit einer Erzählung seiner Großmutter ein:

»Dort haben eines Tages [1934, Anmerkung der Autoren] vor dem Krieg Kinder aus dem Dorf auf einer Mauer sitzen und mitansehen müssen, wie jüdische Bürgerinnen und Bürger aus Kobersdorf gedemütigt, verspottet und misshandelt wurden. Noch waren die Juden aus ihrem Heimatort nicht vertrieben und eigentlich wollten sie bleiben. Aber dann, irgendwann, waren auch sie, die Juden aus Kobersdorf, endgültig weg. Alle 172.«

Die Aufzeichnungen über die vollkommene Zerstörung der jüdischen Gemeinde in Kobersdorf im Jahr 1938 sind nicht sehr aussagekräftig. Es scheint klar zu sein, dass die jüdische Gemeinde damals schon sehr klein gewesen sein dürfte. Alle Mitglieder der Gemeinde erhielten bald nach dem Anschluss Ausweisungsbefehle. 87 von den 95 Juden gelang es, nach Wien zu flüchten. Von dort versuchten sie, mit der Unterstützung der Kultusgemeinde weiter ins Ausland zu emigrieren. Von den meisten Kobersdorfer Juden ist seit dieser Zeit jede weitere Spur verloren gegangen.

Lediglich von drei Personen ist bekannt, dass sie nach dem Krieg in den Ort zurückgekehrt sind. Unter ihnen der Mediziner Stefan Kertész, der schon bis 1938 als Arzt in seiner Gemeinde ordiniert hat. Er konnte rechtzeitig nach Palästina emigrieren, kehrte aber 1948 nach Kobersdorf zurück und arbeitete weiter als Arzt. Im Jahr 1961 kehrte er Kobersdorf endgültig den Rücken und ging nach Wien. Heute manifestieren sich die jüdischen Spuren in Kobersdorf an zwei Orten: am Friedhof und an der ehemaligen Synagoge. Der seit Mitte des 19. Jahrhunderts bestehende Friedhof ist der einzige Waldfriedhof des Burgenlandes. Bis zum Jahr 1938 wurden hier 1.200 Gräber angelegt. Seit 1949 gehört der Friedhof der Israelitischen Kultusge-

Ein Friedhof voller Magie

meinde Wien. Heute sind noch mehrere hundert Grabsteine zu sehen, zum Teil stark überwachsen. Der Friedhof liegt an einem Hang im Westen der Gemeinde an der Waldgasse. Atemberaubend eingebettet zwischen Bäumen, vermittelt er den Besuchern etwas unglaublich Magisches, fast Verwunschenes. Es ist ein Ding der Unmöglichkeit, persönlich nicht tief ergriffen zu sein. An diesem Ort berührt einen die Geschichte der Kobersdorfer, aber auch der gesamten burgenländischen Judenschaft unmittelbar – man kann die jahrhundertealten Traditionen und Bräuche, das Leben der jüdischen Bürger, aber auch die Vertreibung und der Untergang einer ganzen, originären Kultur fast körperlich nachspüren.

So berührend dieser Ort des Gedenkens, der Erinnerung ist, so erschreckend abweisend präsentiert sich der zweite bedeutende Ort ehemaligen jüdischen Lebens in Kobersdorf: die Synagoge. Die 1860 im Stil des Historismus erbaute freistehende Synagoge wurde in der Reichskristallnacht 1938 verwüstet. Der gewissenlose Plan, sie im Jahr 1941 durch Sprengung vollkommen zu zerstören, wurde durch die Weigerung des Sprengmeisters verhindert. Denn am selben Tag ist in Deutschkreutz bei der Sprengung des dortigen Tempels ein Kind ums Leben gekommen. War das ein Zeichen menschlicher Regung in Zeiten der Barbarei?

So blieb die Synagoge, wenn auch in einem schlechten Zustand, erhalten und ist zum heutigen Tag, eine der ganz wenigen noch bestehenden Tempel im Burgenland. Aber wie lange noch? Denn ihr Zustand erscheint um wenig besser als in den Tagen nach dem Krieg. Außerdem tobt seit einigen Jahren eine erbitterte Auseinandersetzung um die Erhaltung, Widmung und Nutzung dieser einzig-

Die Synagoge in Kobersdorf

artigen Synagoge. Im Jahr 1995 wurde dem »Verein zur Erhaltung und kulturellen Nutzung der Synagoge Kobersdorf« das Grundstück und der Tempel von der Israelitischen Kultusgemeinde Wien überantwortet. Die Intention der Vereinsleiterin Naama Magnus war, sie als Denkmal für die ausgelöschten jüdischen Gemeinden zu erhalten und schrittweise baulich zu sanieren. Die dringlichsten baulichen Maßnahmen konnten in den ersten Jahren vom Verein gesetzt werden. Es wurde das Dach erneuert, statische Schäden wurden behoben und die Wasserableitung der Turmaufbauten wiederhergestellt. Außerdem versucht Frau Magnus seit dem Jahr 2004 durch die Veranstaltungsreihe »Kultur im Tempel«, bei der der großartige Schauspieler Bruno Ganz schon einige Male aufgetreten ist, breite Aufmerksamkeit und etwaige Unterstützer zu finden. Leider konnte in den letzten Jahren kein Fortschritt in der weiteren Erhaltung und Pflege festgestellt werden. Das dürfte die IKG Wien auch zum Anlass genommen haben, den Rückkauf der Synagoge anzustreben. Selbst über den Rechtsweg. Was folgte, war ein jahrelang intensiv geführter Rechtsstreit zwischen dem Verein und der IKG. Die Kultusgemeinde hatte aufgrund des fehlenden Fortschritts in der Sanierung der Synagoge auf Rückabwicklung des Verkaufs geklagt. Und hat in der ersten Instanz auch recht bekommen. Aber in der zweiten Instanz wurde die Klage im Januar 2011 vom Oberlandesgericht zurückgewiesen. Die Revision der IKG wurde auch abgelehnt. Ariel Muzicant, der ehemalige Präsident der Kultusgemeinde Wien, bedauert diese Entscheidung sehr und vertritt die Überzeugung, dass damit der Verfall des Tempels weiter voranschreiten werde. Naama Magnus hingegen hofft, dass nun wieder die Subventionen des Landes fließen werden, die in den Jahren des Prozesses gestoppt wurden. Dagegen sprechen die Aussagen von **Dieter Szorger**, der in der Abteilung Kultur und Wissenschaft der burgenländischen Landesregierung arbeitet und Initiator des Projekts »Erinnerungszeichen« ist. Er stellt klar, dass damals das Land das Grundstück und die Synago-

Dieter Szorger, Referatsleiter, Kulturabteilung des Landes Burgenland

ge erworben und dem Verein übergeben hat. Außerdem hat er dem Verein angeboten, im Zuge der EU-Förderung »Phasing out« Geldmittel für die Sanierung zu beantragen. Aber nur, wenn die Wiener Kultusgemeinde als verlässlicher Partner bei dieser Zusammenarbeit fungiert und nicht ein kleiner Verein, dessen Gebaren relativ intransparent sind. Der Verein ist diesem Angebot nicht nahegetreten. Dieter Szorger befürchtet, dass bald das Bundesdenkmalamt auf den Plan tritt und den Verein enteignen wird. Damit wäre die Kobersdorfer Synagoge aber auch der direkten Einflussnahme der Regierungsstellen des Burgenlandes auf die weitere Renovierung und spätere Widmung entzogen.

Faktum ist, dass in diesem Jahr nach dem Ende des Prozesses wieder nichts geschehen ist, was den weiteren Verfall gestoppt hätte. Uns bietet sich noch immer das Bild eines langsam verfallenden Tempels, abweisend und unnahbar und von einem hohen Zaun umgeben. Wenn so intendiert, kann die Synagoge als ein sinnbildliches Mahnmal und Symbol eines schleichenden, aber unaufhaltsamen Niedergangs betrachtet werden – diesem Schicksal ausgeliefert, wie das jüdische Leben im Burgenland.

Karl Goldmark, Komponist

Deutschkreutz / Zelem

»Nun aber kannst du in Deutsch-Kreuz drei Stunden lang herumwandern und findest kein Quartier und kein Brot. Du bist ein Fremder und wirst verachtet. (...) Plötzlich sehe ich die Große Mohrengasse auftauchen. Hausierergesichter, typische Leopoldstadt. Eine Judengruppe. Sie reden Hochdeutsch mit den Händen. Ihre Bewegungen halten die Mitte zwischen Bedächtigkeit und Leidenschaft. Sie reden Leitartikel über Bela Kun. Bleiche Progromangst spukt um sie herum. In Deutsch-Kreuz sind sie zu Hause. Da ich einen um Quartier bitte, läßt er mich durch einen rothaarigen, sommersprossigen Judenjungen nach dem Hause eines Glaubensgenossen führen. Ich bekomme Brot und Eier und ein Bett. Ich teile das Zimmer mit einer gelähmten Großmutter, dem Ehepaar und zwei hübschen, schwarzäugigen Töchtern.« So endet ein Kapitel, welches in »Der Neue Tag«, einer Wiener Tageszeitung, am 9. November 1919 erschien. Autor ist der bekannte Feuilletonist Joseph Roth.

Was Roth noch weiter berichtet, zeugt von der Wichtigkeit und Größe dieser Gemeinde, einer der »Schewa-Kehillot«. Er besucht die Talmudschule, Kultusvorsteher Lipschütz, den alten Tempel – alles zusammengefasst in einer Häusergruppe, dem Ghetto.

Der Tempel von Deutschkreutz

Die Deutschkreutzer jüdische Gemeinde entstand nach den Vertreibungen durch Leopold I. 1671, nachdem jüdische Bewohner wieder die Erlaubnis zur Rückkehr bekamen. Obgleich auch wieder hier ältere Zeugnisse von jüdischer Ansiedlung berichten. Ein Jahr später, 1672, ging Deutschkreutz in den Besitz des Grafen Nikolaus Esterházy über, 1676 übernahm Graf Paul Esterházy die Herrschaft. Davor gehörte es zu den Besitztümern der ungarischen Adelsfamilie Nádasdy. Somit war Deutschkreutz eine der »Siebengemeinden«. Im jüdischen Bewusstsein ist der Ort besser unter dem hebräischen Namen *Zelem* bekannt, welcher sich auf das »Kreu(t)z« bezieht und

Die Synagoge, geplündert und verwüstet

übersetzt so viel wie »Bild«, im Sinne von »Götzenbild« bedeutet. 1720 erlangten die Juden mit dem Schutzbrief von Michael Esterházy erheblich mehr Autonomie als unter Paul Esterházy. Durch den wohlwollenden Wortlaut und den damit gewahrten Rechten unterscheidet sich dieser Schutzbrief von denen anderer Gemeinden. Zur Kontrolle von Neuzuwanderungen gab es ab 1813 persönliche Schutzbriefe, mit denen sich jedes Gemeindemitglied ausstattete. 1857 lebten in dem Ghetto 1.230 Juden, womit der Höhepunkt an jüdischer Einwohnerzahl erreicht war und sie 38 Prozent der Gesamtbevölkerung ausmachte.

In diese Blütezeit jüdischen Lebens fällt auch der zehnjährige Aufenthalt des Komponisten Karl Goldmark in Deutschkreutz. Geboren 1830 in Kesthely am Plattensee, kommt er 1834 mit seiner Familie nach Deutschkreutz, wo sein Vater Ruben das Amt des Notars und Kantors in der jüdischen Gemeinde übernimmt. Der zweifellos traditionell erzogene Karl Goldmark studierte in Ödenburg und Wien und komponierte bekannte Musikdramen, wie die Oper »Die Königin von Saba«. Er lebte als assimilierter Jude in Pest und Wien, wo er 1915 starb. An seine Kindheit in Deutschkreutz erinnert sich Goldmark: »In tiefer Familienliebe und Zusammengehörigkeit sowie in tiefer religiöser Andacht konzentrierte sich alles Gefühlsleben und fand da sein Genügen. Der Begriff ›Kunst‹ in all ihren Abstufungen, wie Musik, Bildwerke, Theater, Lektüre, existierte nicht. Meine Mutter war zwar eine eifrige Leserin, aber das mußte sie fast heimlich tun, denn es galt als Sünde, ein deutsches Buch zu lesen.«

»Rosch Ha-Kahal« wurde der Gemeindevorsteher genannt, der an der Spitze der jüdischen Gemeinde stand. Mussten Entscheidungen getroffen werden, wurde zu den

Gremien auch oft der Rabbiner hinzugezogen, entschieden wurde aber letztlich von dem Gremium, das aus Gemeindevorsteher und vier weiteren Vorstandsmitgliedern bestand. Der Vorstand, der die Anliegen der jüdischen Gemeinde nach innen und außen vertrat, wurde jährlich gewählt. Diese Strukturen änderten sich mit der Revolution von 1848. Nach dem österreichisch-ungarischen »Ausgleich« 1867 standen die Deutschkreutzer Juden in keinem Abhängigkeitsverhältnis mehr zu dem Herrschergeschlecht Esterházy, allerdings verloren sie damit auch ihre politische Autonomie. Sie stellten, nun unter der österreichischen Gesetzgebung organisiert, zwei Vertreter in der Gemeindeverwaltung.

In Zelem lebten die größtenteils sehr armen Juden zusammengedrängt, unter Hygienemangel leidend, in einem Ghetto inmitten der Stadt. Der Tempel stellte den Mittelpunkt des gemeinschaftlichen Lebens dar. 1746 wurde mit dem Bau begonnen und 1834 durch einen Neubau ersetzt. Ähnlich wie Mattersdorf und Eisenstadt wurde die Gemeinde weltweit berühmt durch ihre Jeshiwa, die Talmudschule, zu der viele orthodoxe Gelehrte und Schüler aus ganz Mitteleuropa kamen. Neben der Jeshiwa gab es einen Privatkindergarten und eine Volksschule. In der Hauptschule wurden jüdische und christliche Kinder gemeinsam unterrichtet. 1962 wurde das Gebäude, in dem die Volksschule untergebracht war, wegen Baufälligkeit abgetragen.

Der Zionist Otto Abeles erlebte bei seinem Besuch 1927 die orthodoxe jüdische Lebenswelt in Deutschkreutz, deren Bewohner ganz und gar gegen den Zionismus im Sinne Theodor Herzls eingestellt waren, da sie der Auffassung waren, dass die Rückführung nach Zion erst in mes-

Die Synagoge nach ihrer Sprengung im Jahr 1941

sianischer Zeit erfolgen könne. Er beschreibt in seinem Artikel »Deutschkreuz – der sechste Erdteil« (Wiener Morgenzeitung, 13.2.1927) die Armut, die Gelehrsamkeit der Talmudschüler und die Synagoge: »Der Schammes (...) führte mich in die Synagoge. Ein alter stattlicher Bau, der die jammervollen zur Erde gebeugten Judenhäuser von Zelem auch überragen würde, wenn er sich nicht so hoch hinaufreckte. Die Schul' [Synagoge, Anmerkung der Autoren] ist äußerlich ein bemerkenswerter Zufall, blau-weiß gestrichen. Bevor er die Synagoge aufschließt, pocht der Schammes nach altem Zelemer Brauch, mit dem Schlüssel dreimal an das Tor des Gotteshauses. Tief ausgehöhlt ist das Eichenholz der Türe von diesem Schlüsselklopfen, wie der Stein von Mekka von den Küssen der Gläubigen. (...) Oben auf der Frauengalerie zeigt mir der Schammes recht stolz eine Neuerung jüngeren Datums. Gegen den Männersaal hin war die Galerie durch ein Holzgitter abgeschlossen. Über Anordnung des Rabbiners, welchem Zelem noch immer nicht gesetzestreu genug ist, wurde dieses Gitter durch ein engmaschiges Sieb von dichtester Fügung verstärkt. – Ich bin im sechsten Weltteil.«

Das Rezept zur Lösung der Judenfrage hält der orthodoxe Rabbiner Josel Elimelech Kohn (bis 1940 Rabbiner von Deutschkreutz) auch für Abeles parat: »Alle Juden, die nicht so gesetzestreu leben, wie die Juden von Zelem, mögen sich schleunigst taufen lassen. Dann gebe es keinen Judenhaß, keine materielle und seelische Judennot mehr.« Geholfen hat es nicht, denn von Wien aus »(...) wird dafür gesorgt, daß der Antisemitismus in die neuerworbene Provinz Burgenland importiert wird und gedeiht. Die von der Regierung nach Eisenstadt entsendeten, zum großen Teil hakenkreuzlerischen Beamten sind am Werk, das Judentum des Burgenlandes zu dezimieren. (...) Fanatischer orthodoxer Geist, die Peitsche des gefürchteten Rebben im Inneren, zielsicherer, praktischer Antisemitismus von außen – sie beide halten die uralte berühmte Kehilla von Deutschkreuz nieder.« (ebd.)

Und wie Recht Abeles doch mit seinen Beobachtungen behalten soll. Bereits am 30. März 1938 wurden alle Juden von Deutschkreutz festgenommen und ihr Vermögen kurzerhand konfisziert, wie die Jewish Telegraphic Agency meldet. Die Arretierten mussten unterzeichnen, dass sie zur Auswanderung bereit waren. Dafür hatten sie zwei Wochen Zeit. Bis Anfang Mai hatten alle Juden den Ort verlassen, sie fanden Zuflucht in Wien. Mitnehmen durften sie, soviel sie tragen konnten. Nicht einmal verkaufen konnten sie ihre Habseligkeiten an Einheimische, da diese zu viel Angst vor Repressalien hatten. Plünderung und Zerstörung der Geschäfte und Wohnungen begannen durch NSDAP-Angehörige.

Kein Wunder, dass nach diesen traumatischen Vertreibungen keiner der 440 Juden, die vor dem Krieg hier noch lebten, bei Kriegsende oder später zurückkam. Das jüdische Viertel wurde beinahe vollkommen zerstört. Die Synagoge wurde am 16. Februar 1941 gesprengt, dabei wurde ein sechzehnjähriges Mädchen von einem Stein derartig verletzt, dass sie an den Folgen starb. 1949 wurde der Platz eingezäunt und ein marmorner Gedenkstein aufgestellt. In den 1970er-Jahren musste dieser allerdings weichen: eine Filiale der heute schon nicht mehr existierenden Supermarktkette »Konsum« wurde an der Stelle errichtet. Heute gibt es in der Tempelgasse außer dem Straßennamen nichts mehr, das an die einstige Synagoge erinnert.

Geht man heute über den jüdischen Friedhof von Deutschkreutz, der sich am südwestlichen Orts-

Ein Kaufhaus am Platz des ehemaligen Tempels

rand befindet, wundert man sich erst einmal über die wenigen Grabsteine, die auf dem großen Areal aufgestellt sind. Ursprünglich war der Friedhof 22.000 m² groß, er wurde 1759 mit Erlaubnis der Esterházys errichtet. Bis 1938 diente er den Deutschkreutzer Juden und den umliegenden Gemeinden als Begräbnisstätte. Die Grabsteine wurden unter den Nationalsozialisten zerstört oder entfernt, um für andere Zwecke missbraucht zu werden: zum Hausbau, zur Befestigung des Südostwalls und sogar zum Bau einer Terrasse vor dem Schloss im nahe gelegenen Nikitsch. Um wenigstens noch einige zu retten, brachte die Israelitische Kultusgemeinde Wien 38 Grabsteine 1945 nach Wien auf

Ansicht des jüdischen Friedhofs in Deutschkreutz

den Zentralfriedhof. Sie wurden 1992 zurückgebracht. Aus noch vorhandenen Fragmenten wurde eine Mauer errichtet. Die Burgenländische Landesregierung und der Weltverein der Burgenländischen Juden finanzierten 1991 die Renovierung und Ummauerung des Friedhofs. Zu sehen ist auch das Massengrab 265 ungarischer Juden, die 1945 von Nazis ermordet wurden.

1945 waren am Bau des Südostwalls 5.000 Ostarbeiter, 2.000 ungarische Juden, sowie Polen, Ukrainer und 30 französische Häftlinge im Einsatz. Am 26. November trafen 1.500 deportierte ungarische Frauen in Deutschkreutz ein. Sie verrichteten Arbeit auf den Esterházy'schen Landgütern und waren auf Dachböden von Schafställen einquartiert. Bereits im Dezember 1945 waren 95 der Zwangsarbeiterinnen umgekommen. Die fehlenden Arbeitskräfte wurden durch männliche Deportierte aufgestockt. Sie mussten die Grabsteine ihrer Glaubensbrüder verwenden, um Straßensperren und Ähnliches zu bauen.

Das prominenteste Zeugnis jüdischen Lebens in Deutschkreutz ist das im Jahr 1980 errichtete Karl-Goldmark-Gedenkmuseum in der Hauptstraße.

Doch womit wird an diese ehemals berühmte jüdische Gemeinde von Deutschkreutz noch erinnert? Mit dem Friedhof, der in keinem Stadtplan eingezeichnet ist und außerhalb des Ortes liegt, sich schon fast in den Weinbergen versteckt, wohl kaum. Ist man sich in diesem bekannten Weinort des Burgenlandes, der jährlich viele internationale Touristen anzieht, bewusst, dass Erinnerung nie enden sollte? Gelungen ist 1980 die Errichtung des Karl-Goldmark-Gedenkmuseums. Damit wird ein jüdischer Bewohner Deutschkreutz' geehrt, der nur einen Teil seiner Kindheit in dem Ort verbracht hat. Aber immerhin.

Der jüdische Friedhof

Lackenbach

Es ist vor allem das Schloss, welches Besucher in den kleinen bäuerlichen Ort Lackenbach zieht. In dem renovierten Schloss gibt es zumeist Ausstellungen über Flora und Fauna der Region zu sehen. Als das festungsartige Kastell mitsamt Bierbrauerei und Meierhof im 16. Jahrhundert gebaut wurde, wurde es möglich, dass sich in dem kleinen Dorf, das bis dahin der Burgherrschaft Landsee unterstellt war, auch Juden ansiedelten. Zwischen 1575 und 1588 wanderten viele Juden aus Neckenmarkt hierher. Die ersten urkundlichen Erwähnungen über Ansiedlungen von Juden reichen allerdings schon auf das Jahr 1552 zurück. Seit dem 18. Jahrhundert gehörte Lackenbach zu den Esterházyschen »Siebengemeinden«. Als im Jahre 1869 779 jüdische Bewohner gezählt wurden, machten sie 62 Prozent der Gesamtbevölkerung aus. Beachtenswert ist auch, dass die Einwohnerzahl im Gegensatz zu anderen Gemeinden relativ hoch blieb, so lebten 1934 noch 346 (21 Prozent) jüdische Einwohner in der Gemeinde. Wie in allen Gemeinden gab es eine Synagoge, eine Mikwe und einen Friedhof. Die Synagoge war reich geschmückt und mit schönen Malereien ausgestattet: »Vor siebzig Jahren holten sich die Gemeindeväter einen damals angesehenen Künstler, den Maler Krausz nach Lackenbach, damit er ihnen das Gewölbe und die Wände der Synagoge mit Fresken schmücke. Seine Auftraggeber mussten ihn bei guter Laune halten und für genügende Weinflaschen vorsorgen, denn er tat ihnen vor Übernahme des Werkes kund, daß er seine Kunst richtig zu üben nur dann verstehe, wenn er tüchtig getrunken habe. Die Malerei hat durch Feuchtigkeit stark gelitten, soll aber vor zwei Jahrzehnten noch wunderschön gewesen sein.«[1] Zudem wurde eine israelitische Volksschule betrieben. Die Lackenbacher Juden organisierten sich in zahlreichen Vereinen, so gab es neben der Beerdigungsbruderschaft »Chewra Kadischa« auch den Verein »Zedokoh«, der sich um die Verwaltung der Synagoge, der Bestellung der Funktionäre sowie der Sorge um Durchreisende annahm. Es gab einen humanitären Frauenverein, der sich um Wöchnerinnen, Kranke und Hilfsbedürftige kümmerte, einen Verein für ärztliche Belange und einen Wohltätigkeits-Jugendverein ebenso wie einen Holzverteilungsverein.

Die ehemalige Synagoge in Lackenbach

Über das Schicksal der Lackenbacher Juden nach dem Anschluss 1938 ist wenig bekannt, außer dass sie nachts auf offene Lastwägen mittellos nach Wien ausgewiesen wurden. Die Synagoge wurde 1942 gesprengt. Eine kleine unauffällige Gedenktafel erinnert an sie.

Als wir den imposanten Lackenbacher Friedhof besuchen, spüren wir die einstige Größe und Bedeutung die-

---

1 Abeles, Otto: Das freundliche Lakenbach. In: Wiener Morgenzeitung. 16. Februar 1927. S. 4. Zit. nach: Reiss, Johannes: Aus den Sieben Gemeinden. 1997.

ser Gemeinde. Mit 1.770 Grabsteinen ist er der größte jüdische Friedhof im Burgenland. Große, marmorne Gräber, wie das von Arthur Schnitzlers Urgroßvater Markus Mordechai Schey und wichtiger Rabbinerdynastien, sind heute noch stumme Zeugen einer Zeit, in der das grenznahe Örtchen vom jüdischen Leben geprägt war. Die kleineren, halb im Erdreich versunkenen Grabsteine, umgeben von hüfthohen Gräsern, lassen auch Wehmütigkeit aufkommen. Wie auch der einstige Lackenbacher Rabbiner Adonijahu Krauss erinnert: »... Mit Wehmut denke ich zurück an dieses Sonnenland meiner Kindheit, an meine Kehillah Lackenbach, an diese blühende jüdische Gemeinde, die 1938 durch die nationalsozialistischen Machthaber vernichtet wurde. (...) wenige gibt es heute, die ein Andenken dieser alten Kehillah im Herzen bewahren, ausgestorben ist das letzte Geschlecht, verschieden der letzte Lackenbacher Raw, kein Jude lebt mehr dort in Lackenbach, verwaist ist der alte jüdische Friedhof, voll wehmütiger Rückblicke auf die vielen, vielen, die seit Jahrhunderten ins Grab gesunken sind, vereinsamt stehen sie, die Zeit überlebenden Grabsteine, die schönen Marmorsteine der Baronenfamilie Schey und die große Rabbinerreihe nahe der Südwand.«

Der Rabbiner hat aber auch humorvolle Erinnerungen an Lackenbach, an das meist gute Verhältnis zwischen Gojim (Nicht-Juden) und Juden: »Als ein Goi sich einst mit einem Juden stritt und ersterer dem Juden die uralte Verleumdung ›Ihr Juden habt ja unseren Herrgott gekreuzigt‹ ins Gesicht schleuderte, antwortete der Lackenbacher ruhig und gelassen: ›Ja – das waren ja nicht die Lackenbacher Juden, das waren doch die Kobersdorfer Juden.‹«

Grabstein am jüdischen Friedhof in Frauenkirchen

Frauenkirchen

Als im Jahr 1671 Juden die Rückkehr nach Ungarn wieder gestattet wurde, siedelten sich einige aus Wien und Niederösterreich Vertriebene in Mönchhof an. Der Ort gehörte damals zum Zisterzienserstift Heiligenkreuz bei Baden im Wienerwald. Einigen Quellen zufolge bestand die Ansiedlung nur aus wenigen Familien, für die jedoch schon ein Richter und Rabbiner ihre Ämter ausübten. Im Januar 1678 wurde Mönchhof von Husaren überfallen und die Juden wurden ausgeraubt und misshandelt. Um weiteren »Vorfällen« dieser Art vorzubeugen, fand der Abt eine einfache Lösung: Auf seinen Befehl wurden die Juden aus Mönchhof vertrieben. So wurden sie zum zweiten Mal Opfer eines an ihnen begangenen Verbrechens. Wahrscheinlich waren es 29 Familien, die nach ihrer erneuten Vertreibung innerhalb weniger Jahre, Aufnahme im nahen Frauenkirchen fanden. Eine Ortschaft, die unter der Herrschaft von Paul Esterházy stand. Während des Türkenkrieges 1683 verringerte sich die jüdische Gemeinde in Frauenkirchen um die Hälfte, sie betrug 1696 nur mehr 100 Personen, steigerte sich aber bis ins Jahr 1787 wieder auf 408 Mitglieder. Den Gottesdienst hielten die Juden am Anfang ihrer Ansiedlung in einem gemieteten Betraum ab. Die Synagoge dürfte um 1740 gebaut worden sein. Zur Kultusgemeinde gehörten außerdem eine Mikwe, der Friedhof und eine Schule. Aber zwei Brandkatastrophen in den folgenden Jahren vernichteten nicht nur die Synagoge, sondern auch das gesamte jüdische Viertel: Die erste, im Jahr 1778, zerstörte das Viertel mit 57 Häusern und den Tempel. Während der zweiten 1781 verbrannten wiederum die meisten

Gebäude der jüdischen Gemeinde. Ihren zahlenmäßigen Höhepunkt erreichte die Gemeinde im Jahr 1876 mit 864 Juden. Auch in Frauenkirchen sank die Zahl um die Jahrhundertwende zum 20. Jahrhundert durch Abwanderung kontinuierlich. Zur Jahrhundertwende 1900 war die Einwohnerzahl im die Hälfte reduziert, es lebten noch 480 Juden im Ort. Die letzte statistische Aufzeichnung aus 1934, vor dem Anschluss an das nationalsozialistische Deutschland, zählt 386 jüdische Menschen in Frauenkirchen. Das Vereinswesen blühte jedoch, besonders in der Zwischenkriegszeit, nachzulesen im »Burgenländischen Adressenbuch«. Dazu zählten Organisationen wie »Agudas Jisroel«, ein israelitischer Frauenverein oder natürlich die »Chewra Kadischa«.

Unmittelbar nach dem Anschluss 1938 traten die Schergen der Gestapo auch in Frauenkirchen in Aktion. Zuerst wurden viele Mitglieder der jüdischen Gemeinde gezwungen, ihre Personalien und ihren Besitz anzugeben und wurden danach in einem Stall zusammengepfercht. Sie wurden brutal misshandelt und mussten ohne Essen und Trinken an diesem Ort ausharren. Der Gemeindevorstand wurde gezwungen, sich dafür zu verbürgen, dass die gesamte jüdische Gemeinde auswandern werde. Obwohl die jüdischen Geschäfte versperrt und versiegelt waren, brachen Gendarmerie, Polizei und Mitläufer aus dem Ort sie auf und raubten sie aus. Schon am 26. März 1938, knapp 14 Tage nach dem Anschluss, wurden zehn jüdische Familien vertrieben. Diese erste Vertreibung richtete sich hauptsächlich gegen Ärzte, Großkaufleute und Grundbesitzer. Familien, deren Mitglieder allesamt in Frauenkirchen geboren wurden und seit fünf bis sechs Generationen hier gelebt hatten. Selbst bei Nicht-Juden löste dieses

Unkommentierte Hinweisschilder im ehemaligen jüdischen Viertel

Ein Zaun markiert den Platz der ehemaligen Synagoge, ohne Hinweisschild

grausame Vorgehen Empörung aus, wie Augenzeugen berichteten. Eine verzweifelte Odyssee war die Folge: Der Großteil der Vertriebenen irrte tagelang im Grenzgebiet von Ungarn und der Tschechoslowakei umher, einige wurden von der SS in den Stacheldraht getrieben. Eine kleine Gruppe schaffte es nach Wien, andere konnten ein Ausreisezertifikat nach Palästina bekommen oder schafften es illegal nach Jugoslawien und in die Tschechoslowakei.

Außerdem wurde im März 1938 in Frauenkirchen ein provisorisches Anhaltelager eingerichtet, in dem die Juden des Seewinkels eingesperrt wurden. Schon am 16. April schoben die Nationalsozialisten die meisten über die Grenze nach Ungarn ab. Bis zum 17. Mai waren bereits 127 Juden vertrieben worden. Am 13. August 1938 zählte ein Polizeibericht nur mehr drei Judenfamilien im Ort.

Nach dem Krieg kam nur mehr Paul Rosenfeld (siehe weiter hinten in diesem Kapitel) nach Frauenkirchen zurück, wo er den Getreidehandel seines Vaters wieder aufnahm.

Der jüdische Friedhof in Frauenkirchen ist leicht zu finden. Er liegt an der Ausfahrtsstraße nach St. Andrä und ein deutlich sichtbares Hinweisschild erleichtert den Besuchern das Auffinden. Leider ist das Tor versperrt und die Nachbarsfamilie, bei der man den Schlüssel hätte holen können, ist weggezogen. Kurz überlegen wir, ob es gerechtfertigt wäre, auf der Suche nach den Spuren der jüdischen Bevölkerung des Burgenlandes, einfach über den Zaun des Friedhofs zu klettern, um Fotos zu machen.

Der jüdische Friedhof in Frauenkirchen

Nein, das geht nicht. Also wieder zurück in den Ort und zum Gemeindeamt. Der eine Schlüssel ist leider nicht verfügbar, denn der Mitarbeiter, der ihn in Obhut hat, ist auf Urlaub und hat keine Nachricht hinterlassen, wo er ihn aufbewahrt. Was passiert, wenn doch einmal Menschen den Friedhof besuchen wollten. Doch über den Zaun klettern? Unter Umständen mit amtlicher Erlaubnis? Einem Mitarbeiter des Amts fällt plötzlich ein, dass der Gärtner der Gemeinde einen haben müsste, denn der mäht ja schließlich dort das Gras. Er ist irgendwo unterwegs, wird aber am Mobiltelefon erreicht, ist innerhalb von ein paar Minuten beim Friedhof und sperrt das Tor auf.

Der Friedhof wirkt gut gepflegt, das ehemalige Verwalterhaus auf dem Areal wird als Schuppen verwendet. Einige der Grabsteine sind aus Sandstein und weisen erhebliche Korrosionsspuren auf.

Im Gegensatz zum Friedhof sind die anderen Spuren der jüdischen Geschichte des Ortes eher rudimentär. Es gibt eine Judengasse, Tempelgasse und den Tempelplatz. Der eingezäunte Platz, wo ehemals die Synagoge stand, spottet jeder Beschreibung: ein verrosteter Vorgartenzaun, dessen Zugangstor behelfsmäßig mit Draht verschlossen ist, ohne jeglichen Hinweis auf die geschichtliche Bedeutung des Orts. Davor ein Parkplatz für den Supermarkt nebenan. Neben dem Bauhof der Gemeinde befindet sich ein Schild mit dem Hinweis auf die »Paul-Rosenfeld-Hallen«. Der Getreidehändler war der einzige Jude, der nach dem Zweiten Weltkrieg nach Frauenkirchen zurückgekehrt ist (vgl. die Geschichte der Familie Schiller, Kapitel »Eisenstadt«).

Aber welche Hallen sind gemeint?

Die Lagerhallen und Parkgaragen des Bauhofs?

Warum gibt es keine Erklärung, wer Paul Rosenfeld war?

Eine kurze Information über sein Leben auf einer Plakette wäre wünschenswert, doch leider ist weder die noch sind andere Informationen zu einer ehemals bedeutenden, jüdischen Gemeinde des Burgenlands zu finden.

Irmgard Jurkovich erzählt die Geschichte der Juden in Kittsee.

Kittsee

Der Beginn einer kontinuierlichen jüdischen Besiedlung in Kittsee lässt sich im zweiten Drittel des 17. Jahrhunderts festmachen. Eine urkundliche Erwähnung Kittseer Juden aus dem Jahr 1648 beschreibt einen Konflikt in der Ledererzunft. In diesem Jahr protestierten Lederer aus der Freistadt Pressburg gegen drei in Kittsee im Liszty'schen Edelhof arbeitende Juden, die ihnen mit ihren Produkten Konkurrenz in der Stadt machten. Im Jahr 1676 übernahmen die Fürsten Esterházy die Herrschaft über Kittsee vom damaligen Grundherrn Johann Liszty. Aber schon um das Jahr 1671 dürften sich aus Wien vertriebene Juden hier angesiedelt haben. Einen Schutzbrief, der die Rechte und Pflichten der Untertanen des Fürsten regelte, bekamen die Juden von Paul Esterházy am 9. Januar 1692 zugesprochen. Zu einer der heiligen sieben Gemeinden wurde Kittsee endgültig im Jahr 1716. Seit diesen Jahren entwickelte sich auch hier eine prosperierende jüdische Gemeinde. Im Jahr 1735 zählte man schon 155 Erwachsene und 111 Kinder in der Gemeinde. Den zahlenmäßigen Höhepunkt erreichte die jüdische Bevölkerung im Jahr 1821, als in Kittsee 789 Juden lebten. Doch in den folgenden Jahrzehnten kam es zu einer immer stärkeren Abwanderung. Dafür war einerseits der Wegfall der diskriminierenden Aufenthalts- und Erwerbsbedingungen in weiten Teilen der österreichischen Monarchie verantwortlich und andererseits die damit verbundenen besseren wirtschaftlichen Möglichkeiten in nahen Städten wie Wieselburg, Pressburg oder Wien. Daher sank die Zahl der Juden im Jahr 1880 auf 111 und im Jahr des Anschluss' verzeichnete die Statistik nur mehr rund 60 in Kittsee lebende Juden. Von 1921 bis 1938 waren die Juden von Kittsee in einer autonomen orthodoxen israelitischen Kultusgemeinde organisiert. Bis zu den tragischen Ereignissen am 15. April 1938, am Sederabend, dem Auftakt des jüdischen Pessachfestes.

An diesem Abend brachten die Schergen der Gestapo alle Juden aus der Umgebung, vor allem aus Gattendorf, Frauenkirchen und Neusiedl am See, nach Kittsee und sperrten sie gemeinsam mit den Juden aus dem Dorf in einen Keller. Noch in jener Nacht wurden sie mit ihren wenigen Habseligkeiten, die sie noch schnell an sich nehmen konnten, an die Donau bei Audorf transportiert. Wie Augenzeugen berichteten, haben sich dabei schreckliche Szenen abgespielt. Die Menschen wurden von den Wachmannschaften unentwegt mit Schlägen traktiert und mit Waffen bedroht. Besonders auf den letzten Rabbiner von Kittsee, Zvi Hirsch Perles, hatte es die Gestapo abgesehen. Sie schlugen auf den fast achtzigjährigen Mann unablässig mit Peitschen und Gewehrkolben ein. Die kalte und regnerische Nacht mussten sie im Freien an der Donau verbringen, in Sichtweite der hell erleuchteten Stadt Pressburg. Am nächsten Tag wurden sie auf einer Sandbank in der Donau ausgesetzt. Damit begann ein monatelanges, grausames Tauziehen verschiedener Staaten, wer denn die Juden aufnehmen sollte. Jeder der angrenzenden Staaten weigerte

Archivfotografien von Irmgard Jurkovich – hier der letze Rabbiner von Kittsee, Zvi Perles

sich, die hungernden, frierenden, kaum mit dem Notwendigsten versorgten Menschen aufzunehmen. Erst ein unter französischer Flagge fahrender Lastkahn bot den Juden eine provisorische Unterkunft, ohne sanitäre Einrichtungen und Nachtlagern, in denen es nur so von Ratten wimmelte. Den Kahn zu verlassen war ihnen ausdrücklich verboten. Wachmannschaften mit Hunden sorgten mit penibler Kontrolle dafür, dass tatsächlich niemand vom Schiff fliehen konnte. Das Schicksal dieser Gruppe erregte international Aufsehen, wurde in vielen Zeitungen rund um den Globus publiziert. Doch annehmen wollte sich dem Schicksal der kleinen Gemeinde niemand. Mittlerweile versuchten jüdische Hilfsorganisationen in Pressburg Aufnahmeländer für die Vertriebenen zu finden. Besonders Aaron Grünhut von der Pressburger jüdischen Gemeinde setzte sich aufopfernd für eine Lösung ein, versuchte alle nur möglichen Hebel in Bewegung zu setzen und Länder zu finden, die bereit wären, die Juden aus Kittsee aufzunehmen. Es dauerte mehr als vier Monate bis eine Lösung gefunden wurde. Die Überlebenden des Schiffes auf der Donau wurden über die ganze Welt verstreut, von Palästina bis nach China. Rabbiner Perles konnte nicht mehr auswandern, dafür war er körperlich schon zu schwach. Er bekam eine Aufenthaltsgenehmigung für Pressburg. Ein Altersheim in der Stadt nahm ihn auf, aber schon ein paar Monate später wurde er gezwungen die Stadt zu verlassen. Bis zu seinem Lebensende am 18. September 1943 lebte er in Nové Mesto (Neustadt) im heutigen Tschechien. Seine Frau Ella wurde mit anderen Juden aus der Stadt verschleppt und in Auschwitz ermordet.

Nach dem Krieg kam lediglich eine Jüdin zurück nach Kittsee: Johanna Glaser, geborene Hecht.

Der jüdische Friedhof in Kittsee

Unsere Entdeckungsreise führt uns an einem Winternachmittag in das Kittsee von heute. Wieder einmal sind wir auf der Suche nach dem jüdischen Friedhof. Keine Hinweisschilder, nur die vage Angabe, dass er sich in der Nähe des Schlosses von Kittsee befinden soll. Nach einigen falschen Abzweigungen ist das Ende des Ortes schnell wieder erreicht, nur mehr ein Lagerplatz und der Sportplatz sind zu sehen. Und eine Frau und ein Mann, die mit einem Hund spazieren gehen. Wir halten an und fragen, ob sie denn wüssten, wo sich der jüdische Friedhof befindet. Ein überraschendes »Ja, natürlich, das ist doch Pflicht!« kommt als Antwort des Hundebesitzers. Nur erklären lässt sich der Weg nicht so einfach, deswegen schlägt er vor, dass wir ihm mit dem Auto hinterherfahren sollen. Hinterherfahren? Kurz vor Sonnenuntergang, wo wir doch noch Fotos des Friedhofs machen wollten? Das nimmt zu viel Zeit in Anspruch, deswegen werden Herr und Hund im Auto untergebracht. Er weist uns den Weg, der sich als noch verwinkelter und komplizierter herausstellt als angenommen. Während der Fahrt stellt sich natürlich die Frage, warum es für den Spaziergänger denn Pflicht sei, den Friedhof und den Weg dahin so gut zu kennen: Seine Frau Irmgard beschäftigt sich seit langen Jahren mit der Geschichte der Juden aus Kittsee und daher ist es auch für ihn, Josef Jurkovich, ein wichtiges Thema. Gleichzeitig lädt er uns, wenn wir jetzt noch etwas Zeit hätten, zu sich und seiner Frau nach Hause ein. Sie könne uns noch viel, viel mehr über die Geschichte, die Vertreibung der Juden und das Leben der Nachkommen erzählen. Der Friedhof wird mit Herrn Jurkovich leicht gefunden und danach die Einladung gerne angenommen.

Die Familie Jurkovich wohnt in Chikago, einem Ortsteil in Kittsee, der nach der amerikanischen Stadt benannt wurde. Im Esszimmer der Familie kommt **Irmgard Jurkovich** sofort zur Sache. Die ehemalige Direktorin der Hauptschule Kittsee beschäftigt sich seit über 30 Jahren mit der jüdischen Geschichte ihres Heimatortes, sozusagen als Heimat-

Rabbiner Perles (links) an Bord des Lastkahns

forscherin. Aber auch im Rahmen ihrer beruflichen Tätigkeit als Lehrerin. Mit ihren Schülerinnen und Schüler befragte sie die Bevölkerung des Ortes nach deren Erinnerungen an die Juden von Kittsee. Diese intensive Beschäftigung manifestiert sich in zahlreichen Ordnern, Papieren, Briefen und Fotografien, die sich im Laufe der Jahre in ihrem persönlichen Archiv angesammelt haben. Bald ist der Esstisch zum Bersten voll mit Material zur Geschichte der Juden des Orts. Aber nicht nur zur Geschichte. Irmgard Jurkovich hat sich auch auf die Spuren Überlebender und deren Nachkommen geheftet. Zahlreiche Briefe und E-Mails legen Zeugnis davon ab, dass sich noch viele Familien und deren Kinder an ihre Herkunft erinnern können und auch, was ja nicht selbstverständlich ist, wollen. Immer wieder kommen Kinder oder Enkel jüdischer Familien nach Kittsee auf Besuch. Sie wurde zur ersten Ansprechperson für diese Gäste, die aus allen Teilen der Welt kommen. Was sehr oft zu berührenden Szenen führt, wenn sie sich noch sehr genau an bestimmte Familien erinnert und manchmal auch Fotografien herzeigen kann, die sie bei ihren Nachforschungen irgendwo aufgestöbert hat. Aber Frau Jurkovich erzählt auch von der Vergangenheit. Von dem meist sehr entspannten Verhältnis zwischen Juden und Nicht-Juden im Ort. Davon, dass viele

Die Familie des Schächters Yaakov Zaida

religiöse Feste oft gemeinsam gefeiert wurden. Dass sich Dutzende Bewohner in der Jom-Kippur-Nacht vor dem Kol-Nidre-Gebet vor dem Tempel versammelten, um aufmerksam und andächtig den Melodien und Gesängen zuzuhören. Sie erwähnt den herausragenden Kittseer Juden Chaim ben Ascher Anschel, einem Melamed (Lehrer) aus dem 18. Jahrhundert, der mit seiner künstlerischen Begabung als Illustrator weit über die Grenzen des Landes bekannt war. Er konnte nicht gut von seinem Lehrergehalt leben, deswegen wandte er sich der Illustration religiöser Schriften zu. 22 Handschriften sind heute noch bekannt, alle zwischen 1741 und 1782 in Kittsee entstanden. Diese Handschriften sind heute über die ganze Welt verstreut und festigen damit den Ruf von Kittsee in der jüdischen Welt. Das bekannteste Werk von Ascher Anschel ist seine Illustration der Pessach-Haggada. Und Irmgard Jurkovich holt plötzlich ihren persönlichen Schatz hervor: Ein bibliophiler, aufwendig gestalteter Nachdruck eben dieser Haggada.

Natürlich darf auch der Musiker Joseph Joachim in ihren Erzählungen nicht fehlen. Der 1831 in Kittsee geborene Joachim war einer der besten Geiger seiner Zeit. Schon im Alter von sieben Jahren trat er zum ersten Mal in einem Konzert auf. Kurz darauf studierte er zuerst am Wiener Konservatorium, um dann ab 1843 in Leipzig seine Ausbildung zu verfeinern. Felix Mendelssohn-Bartholdy war einer seiner Mentoren zu dieser Zeit. Auf dessen Empfehlung konnte der junge Joachim 1844 sein erstes Konzert in London spielen. In dieser Tonart ging es dann auch in seiner Karriere weiter: Konzertmeister in Weimar, dann Hannover, Direktor der Hochschule für Musik in Berlin, Ehrendoktor der Universitäten Cambridge, Glasgow, Oxford und Göttingen. Joachim brillierte sowohl mit seinem Quartett,

Das Hauptwerk von Chaim ben Ascher Anschel: die Pessach-Haggada aus dem Jahr 1770

hier ganz speziell bei Kompositionen von Ludwig Beethoven, als auch als Konzertgeiger. Fast nebenbei komponierte er auch Stücke für Violine, Klavier und Orchester. Joseph Joachim starb im August 1907 in Berlin. Heute erinnert ein Platz mit seinem Namen und eine Gedenktafel an den großen Sohn Kittsees, erzählt Irmgard Jurkovich.

Diese Zeichen des Erinnerns sind in Kittsee relativ leicht zu finden. Im Gegensatz zum Friedhof, der dann wieder zum Thema des Gesprächs wird. Frau Jurkovich hat ihn über Jahre fast alleine gepflegt. Heute ist er der einzige Friedhof in Österreich, der als Gesamtensemble unter Denkmalschutz steht. Und trotzdem gibt es kein einziges Hinweisschild in der Marktgemeinde, das auf den jüdischen Friedhof verweist? Nein, das gibt es tatsächlich nicht, wie Josef Jurkovich bestätigt. Es interessiert niemanden in der Gemeinde. Genauso wenig, wie die jetzigen Lehrer an der Schule interessiert sind, die Geschichte der Kittseer Juden ihren Schülern zu vermitteln. Sie mische sich da nicht mehr ein, meint Irmgard Jurkovich. Sie habe oft genug angeboten, die Kinder über diese enorm wichtige Epoche der Marktgemeinde zu informieren. Sie kann ihre Pension auch so genießen. Mit einer Reise nach Israel, zum Beispiel. Aber etwas betroffen macht es sie doch, dass eine ehemalige Schülerin von ihr, die jetzt auch Lehrerin ist, in Zurndorf, für ein Schüler-Projekt über den jüdischen Friedhof in Gattendorf von der IKG Wien geehrt wurde, und ihrer jahrzehntelangen Arbeit bis dato eine solche Würdigung versagt blieb. Aber was nicht ist, kann ja noch werden. Sieht man, mit welch Engagement und Eifer Irmgard Jurkovich sich für die Aufarbeitung der Geschichte der Juden in Kittsee einsetzt, dann steht ihr ohne jeden Zweifel eine Würdigung zu.

Hinweisschild in Gattendorf

Gattendorf

Verschiedenen Quellen zufolge dürfte die jüdische Gemeinde in Gattendorf am Anfang des 18. Jahrhunderts entstanden sein. Es wird angenommen, dass dies während der Zeit der Kuruzzenkriege (1704–1708) der Fall gewesen sein dürfte. Die meisten der neu angesiedelten Juden stammten wahrscheinlich aus dem nahen Pressburg. Erste schriftliche Hinweise auf die jüdische Gemeinde kommen aus dem Jahr 1720. Eindeutig nachgewiesen ist, dass im Jahr 1764 18 jüdische Familien im Meierhof der Familie Schloßberg lebten: In Gattendorf gab es neben einem Schloss der Esterházys noch ein Schloss mit Meierhof der Familie Schloßberg. Das sogenannte Schutzgeld mussten die jüdischen Familien an die Herrscherfamilie Esterházy zahlen, denn Gattendorf war zwar die einzige »gräflich-Esterházysche« Gemeinde, in der auch andere Adelsfamilien Teile des Dorfes besaßen, aber den Obolus hatten die Juden trotzdem an die Herrscher abzugeben.

Angaben des statistischen Zentralamts Ungarns zufolge lebten im Jahr 1836 171 Juden in der Gemeinde. Neben der Synagoge und dem Friedhof errichtete die jüdische Gemeinde zwischen 1860 und 1862 auch eine Schule. Dazu kam im Jahr 1882 eine Mikwe (Badehaus) für die rituellen Waschungen. Die starke Abwanderung in den folgenden Jahrzehnten verunmöglichte es den jüdischen Bürgern immer häufiger, einen Minjan, das Quorum von zehn oder mehr im religiösen Sinne mündigen Juden, welches nötig ist, um einen vollständigen jüdischen Gottesdienst abzuhalten, zu bilden. Im Jahr 1880 lebten nur mehr 62 Juden in Gattendorf. 1885 wurde die jüdische Gemeinde an die größere Gemeinde von Kittsee angeschlossen. Bis 1934 sank die Zahl der Juden auf 19.

Nach ihrer endgültigen Vertreibung 1938 ist kein Jude mehr nach dem Krieg nach Gattendorf zurückgekehrt.

Unsere Entdeckungsreisen führen uns wieder in die Gegenwart. Wir kommen ins heutige Gattendorf. Zum Glück ist das Büro noch besetzt. Obwohl die regulären Öffnungszeiten des Gemeindeamts längst vorbei sind, finden wir noch jemanden, der uns erklären kann, wo sich der jüdische Friedhof befindet. Unsere Suche nach diesem haben wir zuvor schon fast aufgegeben. Gattendorf ist zwar nur eine kleine Gemeinde, aber die ungenauen Ortsangaben, wo sich die Begräbnisstätte befindet, helfen nicht weiter. Und im Ortsplan ist der Friedhof ebenfalls nicht eingezeichnet. Der Herr vom Gemeindeamt markiert uns die

Der jüdische Friedhof in Gattendorf

Das ramponierte Tor des jüdischen Friedhofs

Stelle auf dem Plan: hinter der ortseigenen Kläranlage in einem Wäldchen, neben einem Feld. Kommt man aus dem Dorf und fährt in Richtung Zurndorf unter der Bahnunterführung durch, dann sieht man das Schild zur Kläranlage und etwas davor ein kleines handgemachtes Schild zum jüdischen Friedhof. Aber man muss schon sehr gut aufpassen. Bei der Kläranlage dann wieder kein Schild. Nach längerem Suchen über matschige Feldwege finden wir endlich den Friedhof. Das Tor ist aus den Angeln gerissen und an den Zaun gelehnt. Der über 2.700 m² große Friedhof diente seit Mitte des 19. Jahrhunderts auch der Bevölkerung der umliegenden Dörfer als Begräbnisstätte. Viele Grabsteine sind stark verwittert. Insgesamt wirkt er sehr vernachlässigt. Kaum ein Zeichen, dass in den letzten Jahren hier etwas getan geschweige denn gepflegt wurde. Bis auf ein Schild, das auf dem ausgehängten Tor provisorisch angebracht wurde. Es ist das Schild einer Schulklasse, von Hand gemalt, das an die Greuel der Nationalsozialisten erinnert. Ein engagierter Versuch, sich mit dieser traurigen Vergangenheit auseinanderzusetzen. Nur mutet hier der Satz »Die Juden hatten es sehr schwer im Krieg, denn sie mussten sich ihre Gräber selbst graben« etwas sonderbar an. Man denkt unweigerlich, dass gut gemeint, nicht immer gut gemacht bedeutet. Und warum befindet es die Gemeinde nicht für wert, zumindest ein kleines Metallschild als Hinweis am Friedhofstor anzubringen? Nun ja, dazu müsste natürlich erst einmal das Tor saniert und wieder eingehängt werden. Später wird uns Dieter Szorger von der Kulturabteilung des Burgenlandes darüber aufklären, wie in Landgemeinden bei bestimmten Vorhaben argumentiert wird. Szorger konnte den Gattendorfer ÖVP-Bürgermeister Franz Vihanek dafür gewinnen, endlich den jüdischen Friedhof zu sanieren. Unterstützt wird der Bürgermeister dabei vom Projekt »Erinnerungszeichen«, das sich, zusammen mit der IKG Wien, unter anderen um die Erhaltung der jüdischen Friedhöfe des Burgenlands kümmert. Der Antrag wurde, da Vihanek gegen eine SPÖ-FPÖ-Mehrheit regieren musste, vom Gemeinderat abgeschmettert. Dabei tat sich ein FPÖ-Mandatar mit einer ausgesprochen geschmacklosen Aussage hervor, indem er meinte: »Die Juden sollen sich ihre Gräber selber pflegen, wir müssen das ja auch tun.« Zuerst selber graben und dann auch noch selber pflegen?

Dass Gattendorf ein eher ambivalentes Verhältnis zum Erbe ihrer ehemaligen jüdischen Gemeinde hat, hat sich auch im Umgang mit der Synagoge gezeigt. Die Synagoge aus dem 19. Jahrhundert, die die NS-Zeit in einem desolaten Zustand überstanden hat, wurde als eines der letzten Erinnerungsstücke an die jüdische Bevölkerung nicht renoviert. Sie wurde lange Zeit als Scheune benutzt, bis sie im Jahr 1996 abgerissen wurde. Die Perfidie dabei: Diese Zerstörung einer der letzten noch bestehenden Synagogen im Burgenland geschah mit einem Bescheid des Bundesdenkmalamts, welches das geschichtsträchtige Gebäude als nicht erhaltungswürdig eingestuft hat.

Skulptur des israelischen Bildhauers Kosso Eloul beim Kreuzstadl

Rechnitz

> *»Schweigen. Dabei ist es nicht so, dass nichts gesagt, nichts diskutiert wird. Aber die entscheidenden Fragen werden nicht gestellt, die grundlegenden Informationen nicht gegeben. Das ist der Grund, warum wir das Schweigen nicht hören: da ist so viel Gerede.«*
>
> Robert Menasse bei der Gedenkfeier am Mahnmal Kreuzstadl am 25.3.2007

Angekommen in Rechnitz, machen wir zuerst Halt im Gasthof Schlossberg, dem Geburtshaus von Gustav Pick (1832–1921), der durch sein Fiakerlied berühmt wurde – ein Jude. Im Gasthaus gibt's heut Sautanz. Ja, Rechnitz liegt uns im Magen. Nicht nur das gute Essen im Gasthof, sondern auch die beklemmenden Geschichten, die wir über diesen Ort bereits gehört und gelesen haben. Im Gepäck haben wir Fakten, Befangenheit und vor allem viele Fragen. Wir denken noch einmal an die Aussage aus dem Film »Totschweigen« von Eduard Erne und Margareta Heinrich, in dem ein Bewohner von Rechnitz meint: »Die Juden haben eine Klagemauer, wir haben eine Schweigemauer.«

In diesem südburgenländischen Ort spitzt sich das kol-

Gedenktafel Gustav Pick

lektive (Un-)Bewusste Österreichs symbolisch zu. Rechnitz wurde zu einem Mahnmal für den Umgang Nachkriegsösterreichs mit seiner NS-Geschichte. Das »Schweigen« bezieht sich auf zweierlei Umstände: erstens auf die Vertreibung der Rechnitzer Juden aus ihrer Heimatgemeinde und zweitens auf die Deportation zigtausender Zwangsarbeiter aus Ungarn, um vom Burgenland bis Niederösterreich und der Steiermark unter härtesten Bedingungen eingesetzt zu werden. Darunter befanden sich nicht nur Juden, sondern auch Kriegsgefangene und andere Vertriebene. Tausende fanden den Tod in dem Gebiet des heutigen Burgenlands. Viele Leichen, die auf den Todesmärschen oder in den Arbeitslagern umgekommen sind, wurden nie gefunden. Bis heute werden noch Gräber gesucht. In Rechnitz wurden bei dem sogenannten Kreuzstadl-Massaker 180 jüdische Zwangsarbeiter liquidiert.

Zuerst machen wir uns aber auf, um die Spuren der hier einst blühenden Kultusgemeinde zu suchen.

Bis ins 19. Jahrhundert nimmt die Gemeinde Rechnitz eine sehr bedeutende Stellung in der jüdischen Kultur Westungarns ein. Unter dem Schutz der Familie Batthyány siedelten sich die ersten Juden Mitte des 17. Jahrhunderts in Rechnitz an. Es war 1687 das erste Privileg solcher Art, das einer jüdischen Gemeinde im Burgenland zuerkannt wurde. Erste Erwähnungen jüdischer Ansiedlung gehen jedoch schon auf das Jahr 1527 zurück. Teilweise kamen die jüdischen Zuwanderer aus Italien, wahrscheinlich aus Venedig, ursprünglich wohl Sephardim, also spanischer oder portugiesischer Herkunft. 1676 wurden 42 jüdische Familien gezählt, 1727 waren es bereits 160 Familien. Zu dieser Zeit wurden nur Haushalte oder Familien gezählt, daher ist eine genaue Anzahl von Personen nicht bekannt.

1753 werden 323 jüdische Personen genannt, und 1850 erreicht die jüdische Gemeinschaft mit 850 Mitgliedern ihren zahlenmäßigen Höhepunkt. Aufgrund wirtschaftlicher Veränderungen, der Industrialisierung und der Verlegung der vorher in Rechnitz angesiedelten Militärgarnison, zogen viele Juden Ende des 19. Jahrhunderts in größere Städte wie Budapest, Szombathely und Wien oder emigrierten nach Übersee. Dadurch ergab sich eine Abnahme der Mitgliederzahl auf 311 im Jahre 1900. 1934 lebten noch 170 Juden in Rechnitz.

Großteils als Händler oder Handwerker, aber auch Bauern tätig, entwickelten die Rechnitzer Juden ein ausgeprägtes kulturelles Leben. Die vollständig entwickelte Gemeinde mit Synagoge, Schule, Friedhof und Rabbinat erreichte als religiös-intellektuelles Zentrum ein über die regionalen Grenzen reichendes Ansehen. Viele Rabbiner und Lehrende kamen nach Rechnitz, um hier zu unterrichten. Der wohl bekannteste Rabbiner und Theologe war der aus Eisenstadt stammende Kalir Eleazar, der nach Beendigung seiner Lehren bei dem Eisenstädter Rabbiner Meir nach Amsterdam und Berlin ging. Die Tatsache, dass er sich bei den gleichzeitig eintreffenden Berufungsschreiben von Dessau und Rechnitz für zweitere Gemeinde entschied, zeigt die bedeutende Stellung dieser Gemeinde zu jener Zeit. Kalir Eleazar wirkte von 1768–1778 in Rechnitz und leitete auch die Jeschiwa, die viele Schüler auf das Rabbinat vorbereitete. Im Zuge der Bemühungen Josephs II., die jüdische Bevölkerung stärker in Wirtschaft und (Mehrheits-)Gesellschaft zu integrieren, fand 1791 eine Versammlung der ungarischen Rabbiner in Rechnitz statt, wo über die Vor- und Nachteile der neuen Bürgerrechte und -pflichten diskutiert wurde. In der darauffolgenden Spaltung der ungarischen Judengemeinden wendete sich Rechnitz von den orthodoxen Gemeinden ab und dem Reformjudentum zu. Von 1858–1869 sollte der bekannte Judaist und Schriftsteller Rabbiner Mayer Zipser das Oberrabbinat in Rechnitz übernehmen und zu einer bedeutenden Figur des Reformjudentums aufsteigen. Auch im alltäglichen Leben mit den christlichen Bewohnern äußerte sich dieses liberale Verhalten der Juden – ob aus Überzeugung oder Anpassungsdruck heraus bleibt dahingestellt. So wurden zum Beispiel am Schabbat die Geschäfte teilweise offen gehalten und die Kinder gingen zur Schule. Es gab seit 1847 eine eigene israelitische Schule, die von Direktor Salamon Pollack gegründet wurde und zwei Lehrer anstellte. Der bekannteste Direktor der Schule war Joachim Heitler, der zwischen 1870 und 1917 die Schule leitete. Er war auch schriftstellerisch tätig und verfasste unter anderem die Rechnitzer Sage »Vom öden Schloss«. Die Schule bestand bis 1920.

Durch Zahlung von Schutzgeldern an das Haus Batthyány konnten die Juden ein hohes Maß an Autonomie erwerben. So gab es auch eigene Gerichtsvorsteher und zwei Geschworene, die über die Einhaltung religiöser Pflichten wachten und Klagen von Christen an Juden in erster Instanz verhandelten. Viele jüdische Kulturgüter bezeugen Reichtum und Stellung der jüdischen Gemeinde Rechnitz. Sie befinden sich heute zum Teil in Museen, zum Teil in Privatbesitz (Israel), sofern sie noch auffindbar waren.

Bereits um 1649 kann die Existenz eines Bethauses angenommen werden. 1707 kaufte die Gemeinde die von der Grafenfamilie errichtete Synagoge auf, die sich freiste-

Innenansicht des ehemaligen Tempels in Rechnitz

hend auf einem Hügel gegenüber der katholischen Kirche befand. 1718 eröffnete an der Stelle ein größerer Tempel, der 400 Sitze fasste. Dank der finanziellen Zuwendungen des »Judenkaisers« Samson Wertheimer konnte somit ein barockes Bauwerk errichtet werden, das bis ins 20. Jahrhundert als Sehenswürdigkeit galt. Im Zusammenhang mit dem Neubau kam es auch zu Auseinandersetzungen mit der katholischen Bevölkerung des Orts. So beschwerten sich die Juden 1720 auch bei der Schutzherrin Gräfin Eleonore Batthyány, dass die Synagoge mit Steinen beworfen wurde und Gräber auf dem Friedhof zertrampelt worden seien.

1938 wurden wenige Tage nach dem Anschluss die jüdischen Betriebe von NSDAP-nahen Personen übernommen. Einige Familien flüchteten nach Wien. 43 jüdische Bewohner von Rechnitz wurden mittellos und ohne Reisedokumente im April 1938 an die jugoslawische Grenze abtransportiert, durften allerdings nicht einreisen, weswegen sie monatelang in Behelfsunterkünften leben mussten. Internationale Hilfsorganisationen verhalfen ihnen schließlich zur Einreise nach Jugoslawien.

Der Rechnitzer Tempel wurde in Folge zu einer Jugendherberge umfunktioniert, nach dem Krieg entstanden in dem Gebäudekomplex das heutige Feuerwehrrüsthaus und Wohnungen. Die jüdische Schule war als Kindergarten in Verwendung. Nach 1945 kehrten nur drei Angehörige der Familie Blau zurück und führten ihren Gemischtwarenhandel fort.

Im selben Ort lebte auch jener Mann, der für die Vertreibung der Juden aus dem Burgenland hauptverantwortlich war – der Nationalsozialist Tobias Portschy. Dieser war für einen massiven Radikalisierungsschub nach dem Anschluss verantwortlich. Er trieb nicht nur die Verfolgung der Roma und Sinti voran, sondern entwickelte auch den traurigen Ehrgeiz, in seiner Funktion als provisorischer Gauleiter des Burgenlands, diese Region als erste im Deutschen Reiche »judenfrei« zu machen. Portschy wurde 1949 zu 15 Jahren schweren Kerkers verurteilt, jedoch bereits 1951 freigelassen und 1957 vom damaligen Bundespräsident Theodor Körner amnestiert. Nach seiner Freilassung lebte er bis zu seinem Tod 1996 unbehelligt in Rechnitz und unterhielt auch gute Kontakte zu burgenländischen Landespolitikern. Das langjährige FPÖ-Mitglied blieb immer überzeugter Nationalsozialist: »Ich bereue nichts. Ich bekenne mich zu meiner Vergangenheit.«

Der Friedhof von Rechnitz wird von einer hohen alten Ziegelmauer umgeben. Das große Areal mutet durch den alten Baumbestand beinahe wie ein Park an. Er wird augenscheinlich gut gepflegt. Den Schlüssel des Friedhofs kann man sich bei Familie Loos holen, die gleich ein paar Meter weiter wohnt. Der Friedhof existiert seit 1682 und wurde einige Male erweitert. Mit dem letzten Ankauf von Land, 1827, wurde auch die Mauer errichtet. Unter den Nazis wurde der Friedhof geschändet und geplündert, die Israelitische Kultusgemeinde restaurierte ihn jedoch im Jahr 1988. Auch 1990 kam es zu Grabmalschändungen, die Täter konnten zur Verantwortung gezogen werden.

Der jüdische Friedhof

Fast möchte man meinen, man fährt ans Ende der Welt, wenn man die Ortstafel hinter sich lässt. Aber nein, da ist noch der Supermarkt, ein Tempel der Zivilisation. Einmal falsch abgebogen, doch dann haben wir ihn gefunden – den Kreuzstadl.

Eine Ruine in der winterlichen Abendsonne. Rotglühende Backsteine umgeben von getrocknetem Gras und weiten Feldern, die sich flach bis zum Horizont erstrecken. Die bestechende Einfachheit der Architektur strahlt eine selt-

Eingang zum Kreuzstadl mit den hebräischen Zeichen für »Shalom«

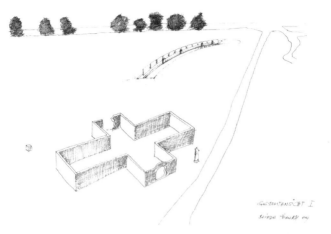

Entwurfszeichnung »Gedenkstätte für die Opfer des Südostwallbaus«

same Ruhe aus – der kreuzförmige, pure Grundriss, kein Dach, keine Zwischenwände, kaum Fenster, die runden hohen Bögen als Eingangstore. Die Gestaltung, die diesen Platz als Ort der Erinnerung sichtbar macht, ist reduziert aber doch effektiv. Beim Betrachten der Skulptur des israelischen Bildhauers Kosso Eloul stellt sich ein körperliches Gefühl der Beklemmung ein – zu sehr erinnert es an einen menschlichen Torso, welcher von Speeren durchbohrt wird. An der östlichen Seite ist eine Schwelle eingelassen, mit den hebräischen Zeichen für »Shalom«. Mit Bedacht tritt man darüber, selbst wenn man die Bedeutung der Inschrift nicht sofort versteht. Auf der anderen Gebäudeseite wiederum befindet sich ein Kubus mit Psalmen in Hebräisch und Deutsch, die in den Stein gemeißelt wurden. Auf dem Steinblock liegen viele kleine Steine zu einem Häufchen aufgestapelt wie es bei jüdischen Grabmälern Brauch ist.

Gedenkstein mit Psalmen beim Kreuzstadl

Es ist der Ort, an dem sich noch eine weitere Tragödie der jüdischen Geschichte abgespielt hat. Nämlich der Juden, die ab 1944 von Ungarn massenweise ins Deutsche Reich deportiert wurden. Zigtausende wurden als Zwangsarbeiter eingesetzt. Den Weg in die Lager mussten sie zu Fuß hinter sich bringen. Die Routen waren von Toten gesäumt. Eine der letzten militärischen Anstrengungen der Nationalsozialisten stellte der Bau des Südostwalls dar. Er sollte die rasch vorankommende Sowjetarmee aufhalten. Das sinnlose Festungssystem umfasste Panzergräben und Befestigungsanlagen und verlief an der Grenze zur Slowakei, Ungarn und Slowenien. Die Mehrheit der Zwangsarbeiter waren ungarische Juden, der Rest setzte sich aus Kriegsgefangenen und Mitgliedern der Hitlerjugend zusammen. In den Durchgangs- und Sammellagern waren sie Krankheit, Hunger und ungehemmter Gewalt ausgesetzt. Es gab enorme Verluste an

Menschenleben. Im Frühjahr 1945 wurden die Ostwalllager aufgelöst und die Evakuierung angeordnet, mehrheitlich ins Konzentrationslager Mauthausen. Die Todesmärsche, auf welche die nicht mehr benötigten Arbeiter geschickt wurden, werden als Endphasenverbrechen bezeichnet. Da es nicht genug SS-Personal gab, wurde das Begleitpersonal aus Gendarmerie, Volkssturm und lokalen Bewohnern zusammengestellt, die sehr unterschiedlich mit den Gefangenen umgingen – von Teilnahmslosigkeit bis blinder Gewalt. Kranke wurden vor Marschbeginn liquidiert oder einfach zurückgelassen, Marschunfähige auf dem Weg ins Konzentrationslager erschossen. Diese Erweiterung des Täterspektrums ist ein Charakteristikum von Endphasenverbrechen, eine etablierte Tatkategorie der nationalsozialistischen Gewaltverbrechen.

Die Bauarbeiten zum Südostwall im Abschnitt VI, wo sich Rechnitz befand, begannen im Oktober 1944. Ausgeführt wurden sie von Steirern, Wienern, Bayern, der muslimischen Waffen-SS und Ostarbeitern. Ungarische Juden wurden circa ein halbes Jahr später hinzu beordert. Die jüdischen Arbeiter waren vermutlich in drei Lagern untergebracht, das größte befand sich im Keller des Schlosses Batthyány. Weitere im Schweizer Meierhof und im »Barackenlager Süd«. Das von der SS requirierte Schloss diente auch als Sitz der Bauabschnittsleitung. Die Zwangsarbeiter, Frauen und Männer, waren unter menschenunwürdigen Bedingungen untergebracht und der willkürlichen Gewalt der Wachhabenden ausgesetzt. Vor allem der Leiter des Unterabschnitts I, der Gestapo-Beamte Franz Podezin und der Leiter des Unterabschnitts II, Josef Muralter haben sich durch besondere Grausamkeit hervorgetan.

Vom Bau des Südostwalls wurden am 24. März 1945, also kurz vor dem Anrücken der Roten Armee, zwischen 600 bis 1.000 ungarische Juden aus dem Sammellager Kőszeg, Ungarn, nach Westen evakuiert. Ungefähr 200 von ihnen wurden jedoch in Rechnitz angehalten, da sie zu schwach oder zu krank waren, weiterzuziehen. Drei von ihnen starben noch am Bahnhof. Am selben Abend, dem Palmsonntag, veranstaltete Muralter im Schloss für die lokale NSDAP und die SS ein sogenanntes *Gefolgschaftsfest*. Unter den anwesenden Gästen befanden sich Franz Podezin, Ludwig Groll, Bürgermeister von Oberwart, als Vertreter von Eduard Nicka, dem Kreisleiter von Oberwart, und die Mitarbeiter der Leitung des »Südostwallbaus«, unter ihnen die Sekretärin von Podezin, Hildegard Stadler. Ebenfalls anwesend waren Graf Iván Batthyány und Gräfin Margit Batthyány-Thyssen und deren Gutsverwalter. Nach einem Anruf teilte Podezin 14 oder 15 Teilnehmern des Festes mit, sie müssten arbeitsunfähige Juden liquidieren. Die nötige Munition wurde von Waffenmeister Karl Muhr ausgeteilt. Mitten in der Nacht wurden die geschwächten und entkleideten Juden aufs offene Feld getrieben. Sie mussten sich in Gruppen an den Rand der Grube stellen und wurden erschossen oder erschlagen. Laut Zeugenaussagen befanden sich unter den Tätern Groll, Podezin, Muralter und Gutsverwalter Hans-Joachim Oldenburg sowie Hilde Stadler. Zwar gab es ein mehrstufiges Verfahren nach 1947, aber die Täterschaft ist bis heute nicht vollständig geklärt. Bekannt ist, dass sie nach einigen Stunden wieder zum Fest zurückkehrten und weiterfeierten. Die Kleidungsstücke der Opfer wurden am nächsten Tag von Juden auf LKWs verladen und ins Schloss gebracht. Am selben Abend wurden diese Juden ebenfalls ermordet. Als fast sicher gilt, dass die Gräfin Batthyány den Hauptverdächtigen Podezin und Oldenburg zur Flucht, womöglich über Lugano, verholfen hat. Sie selbst wurde in Vorarlberg auf ihrem Fluchtweg in die Schweiz verhört – allerdings nicht sehr ergiebig. Unbehelligt lebte sie bis zu ihrem Tod in der Schweiz und in Bad Homburg, wo sie eine Pferdezucht betrieb. Die Schuldsprüche im Rechnitzer Mordprozess der anderen Beteiligten fielen mild aus. Am 24. März 1946 wurde der Hauptzeuge Karl Muhr, bereit zur Aussage gegen die Täter, ermordet und sein Haus angezündet. Diese Tatsache und der Mord an einem weiteren Zeugen führten dazu, dass viele Zeugen die in den Voruntersuchungen getätigten Aussagen bei der Hauptverhandlung wieder zurückzogen.

Die Suche nach den Massengräbern ist bis heute nicht abgeschlossen. Direkt nach dem Krieg wurden die Gräber von Vertretern der Roten Armee exhumiert. Auch im Jahr 1946, im Zuge der Gerichtsprozesse wurden die Gräber ein weiteres Mal geöffnet, jedoch nach Begutachtung der Toten wieder zugeschaufelt. Im Laufe der Jahrzehnte ist das Wissen über die genauen Standorte trotz präziser Ortsangaben einzelner Aufzeichnungen und Augenzeugenberichten anscheinend verloren gegangen. Dieter Szorger, in der Kultur und Wissenschaftsabteilung des Landes Burgenland tätig, beschäftigt sich seit seiner Diplomarbeit mit dem Ostwall und dem Massenmord in Rechnitz. Er ist zuversichtlich, dass dank neuester Technik und der Aufarbeitung des vorhandenen historischen Materials das Massengrab noch im Jahr 2012 gefunden wird. Die Leichen jener 18 Juden, die am zweiten Abend erschossen wurden, konnten 1969/70 im Zuge einer Umbettungsaktion des Österreichischen Schwarzen

Kreuzes und des Volksbund Deutscher Kriegsgräberfürsorge eher zufällig gefunden und auf dem Grazer jüdischen Friedhof bestattet werden. Durch Zeugenaussagen konnten die Leichen von sieben Juden beim Friedhof von Rechnitz gefunden werden – diese Morde werden Podezin zugeschrieben.

Die Dokumentarfilmer Margareta Heinrich und Eduard Erne begleiten diese Suche von 1990 bis 1993 und werden selbst zu Suchenden. Es entsteht der Film »Totschweigen« (1994). Von dem wenigen Material zum Thema Rechnitzer Judenmassaker und Todesmärsche ausgehend, sucht das Filmteam mühsam nach Zeitzeugen, die – endlich – reden. Unter Schwierigkeiten kann der Film 1994 das erste Mal in Rechnitz gezeigt werden und löst eine wichtige Debatte über die Ereignisse von 1945 aber auch über das Schweigen darüber aus.

Im Jahr 2007 rückt das Kreuzstadl-Massaker wieder in den Blickwinkel der Öffentlichkeit. Ausgelöst wird der mediale Hype vom englischen Journalisten David Litchfield, der im Auftrag der Großindustriellenfamilie Thyssen eine Familienbiografie schreiben sollte. Von der Familie nicht autorisiert, erscheint sie dennoch unter dem Titel »The Thyssen Art Macabre«. In einem von der FAZ (Frankfurter Allgemeine Zeitung) übersetzten Artikel der Londoner Zeitung »The Independent« (7.10.2007), behauptet Litchfield, Margit Batthyány, Tochter Heinrich von Thyssens, sei eine der Hauptschuldigen an dem Verbrechen in Rechnitz. Daraufhin entbrennt eine heftige Diskussion in den deutschen Medien um die Aspekte der Schuld, der Mitschuld, des Schweigens und des Erinnerns und Gedenkens. Ein Jahr später kommt es in München zur Uraufführung des Theaterstückes »Rechnitz (Der Würgeengel)«

von Nobelpreisträgerin Elfriede Jelinek, das die Ereignisse beim Kreuzstadl in der Nacht auf den 25. März 1945 aus Sicht der Dienstboten und Mitläufer thematisiert. Internationale Aufmerksamkeit ist dem burgenländischen Ort nun garantiert. Die meist oberflächlich geführte Auseinandersetzung in den internationalen Medien ist von Emotionalität und Sensationsgier geleitet und stellt das »provinzielle Schweigen« in den Vordergrund.

Um sich den aufkommenden Fragen und Vorwürfen zu stellen, wird im Oktober 2008 in Eisenstadt ein Symposium mit dem Titel »Das Drama des Südostwall am Beispiel Rechnitz – Daten, Taten, Fakten, Folgen« einberufen. Es scheint kein Vorbeikommen zu geben, sich transparent, frei von Scham und unzulänglichen Schuldzuweisungen und -abweisungen, mit dem Themenkomplex auseinanderzusetzen. Durch wissenschaftliche Aufarbeitung wird versucht, ein Gegengewicht zu dem als isoliert dargestellten »Partyvergnügen« im »Societymilieu« zu setzen. Aufarbeitung und Gedenken von Kriegsverbrechen müssen Fakten und Ambivalenzen zulassen können.

Ist es also wirklich kaltes Schweigen im tiefsten Burgenland – dort, am Ende der Welt, das das Geheimnis von Rechnitz umgibt? Wie gehen die Menschen von Rechnitz und die österreichische Öffentlichkeit damit um, dass die Verbrechen von damals noch immer nicht vollständig aufgeklärt wurden? Und was, wenn das Massengrab nie gefunden wird, auch nicht mit der neuesten Technik und die Ermordeten so nie ihre verdiente Ruhestätte bekommen? Grabesstille auch heute noch?

Nicht ganz. Trotz aller Widrigkeiten hat sich auch hier die Bereitschaft, sich an die Vergangenheit zu erinnern, eingestellt. Durch jahrzehntelange, mühselige Arbeit. Tatsächlich gibt es eine ganze Gruppe engagierter Menschen, die sich des Gedenkens und Erinnerns an diesen Ort annehmen. Seit den 1980er-Jahren organisiert eine Gruppe Ehrenamtlicher diverse Veranstaltungen, um die Öffentlichkeit und die Politik für die Geschehnisse von 1945 zu sensibilisieren. Zudem setzen sie sich für eine humane und gerechte Asyl- und Flüchtlingspolitik ein. Ein Thema, das vor allem im multikulturellen Grenzland Burgenland virulent war und ist. Organisiert aufgetreten ist diese Personengruppe das erste Mal unter dem Namen »Unabhängiges Antifaschistisches Personenkomitee des Burgenlandes«, 1980 gegründet unter anderem von dem Schriftsteller Peter Wagner. Aus diesem Personenkreis entwickelte sich die Initiative RE.F.U.G.I.U.S. – Rechnitzer Flüchtlings- Und GedenkInitiative Und Stiftung. Der Verein, seit 1991 unter diesem Namen aktiv, vertritt anfangs drei grundlegende Zielsetzungen: das Gedenken an die beim Kreuzstadl-Massaker ermordeten Juden und damit einhergehend die Errichtung einer Gedenkstätte. Das Gedenken an die jüdische Gemeinde in Rechnitz. Außerdem sollte eine Brücke in die Gegenwart geschlagen, das Thema Flüchtlinge und Asylpolitik behandelt werden. Dafür wurde ein Haus für Flüchtlinge gefordert, welches vor allem durch Spenden finanziert werden sollte. Soviel zu den optimistischen und motivierten Plänen von damals. Die Forderung nach einem Flüchtlingshaus wurde allerdings nicht vom Gemeinderat unterstützt. Durch diesen Rückschlag enttäuscht, zieht sich die Gruppe vorläufig zurück und redefiniert ihre Zielsetzungen.

Bei einem von Paul Gulda organisierten Konzert beim Kreuzstadl kommt es durch den Besuch von Bildhauer

Karl Prantl und Marietta, Witwe Friedrich Torbergs, zu einem Wendepunkt. Der Bildhauer erkennt die geschichtliche Bedeutung dieses Ortes und durch eine Spendenaktion von Prantl, Torberg und David Axmann kann das Gebäude angekauft und an den Bundesverband Israelitischer Kultusgemeinden übergeben werden. Später kann durch die großzügige finanzielle Unterstützung eines Münchener Mäzens auch das umliegende Areal angekauft werden. Prantl zeichnet sich sowohl verantwortlich für die Gestaltung der Schwelle als auch des Kubus. 1995 schließlich initiiert der Verein eine Aktion zur Baumpflanzung, wobei verschiedene burgenländische Gemeinden und auch private Sponsoren Baumpatenschaften übernehmen. Der Verein wurde auch bei der Neugestaltung des Kriegerdenkmals in Rechnitz hinzugezogen.

Momentan befinden sich im Vorstand Paul Gulda, Lutz Popper, Christine Teuschler, Eva Schwarzmayer, Wolfgang Horwath, Horst Horvath, Birgit Schützenhofer und Andreas Lehner.

»gespürt, bevor ich es denken konnte ...«
Paul Gulda

Paul Gulda, Sohn von Friedrich Gulda und der Burgschauspielerin Paola Loew, wird Anfang der 1990er-Jahre durch einen Freund auf die Aktivitäten vor Ort aufmerksam. Er ist von Anfang an zuversichtlicher und öffentlichkeitswirksamer Organisator vieler Konzerte mit internationalen Gästen, wie zum Beispiel Gidon Kremer.

Die Beschäftigung mit dem Judentum beginnt für ihn sehr früh, seit er denken, oder besser lesen kann. Sein

Paul Gulda: Pianist, Dirigent, Komponist

Großvater mütterlicherseits, Wilhelm Loew war ein aus Zagreb stammender Jude. Die Familie der Mutter musste 1938 nach Argentinien emigrieren, wo sie bis 1965 blieben. Bereits in jungen Jahren spürt Paul Gulda ein kulturelles Interesse zu der Vielvölkerregion Burgenland, ausgelebt in ausgedehnten Radtouren. Nach der Rückkehr aus den USA (Klavierstudium bei Rudolf Serkin in Vermont / USA) wächst im Zuge der Waldheim-Debatte 1986 in Paul Gulda ein tiefes, politisches Unbehagen. Das von politischer Seite Österreichs öffentlich inszenierte Bedenkjahr 1988 scheint für ihn und viele andere nur Lippenbekenntnisse und unzureichende Aussagen mit sich zu bringen. Der hierdurch ausgelöste Denkprozess veranlasst auch ihn, in der Öffentlichkeit politischer aufzutreten. Er beschreibt es als persönlich einschneidendes Erlebnis, als er bei seinem Konzert in Innsbruck am 9. November 1988 das erste Mal entscheidet, die Öffentlichkeit, die seiner Person zukommt, für einen politischen Akt zu nutzen. Nach Absprache mit dem Dirigenten verschafft er sich zunächst durch seine Fähigkeiten als Musiker Gehör und nutzt die Pause nach dem 1. Satz für eine Schweigeminute im Saal im Gedenken an die Opfer des Nationalsozialismus. Er erlebt in diesem Moment die gesellschaftlich formende und aufrüttelnde Kraft, die er als erfolgreicher Musiker in der Öffentlichkeit freisetzen kann. Seit dem Jahr 1995 ist Gulda auch als Komponist tätig. Er vertont Bühnenwerke von Johann Nestroy und Franz Xaver Kroetz ebenso wie von Howard Baker. Neben seiner Konzerttätigkeit als Pianist sowohl mit bekannten Orchestern als auch solo, widmet er sich immer wieder musikalischen Projekten abseits des herkömmlichen Konzertbetriebs. Eines seiner erfolgreichsten und bekanntesten Projekte war »Haydn alla Zingarese«, bei dem er die Werke des burgenländischen Komponisten gemeinsam mit klassischen Musikern und einer Roma-Banda zur Aufführung brachte.

Den Vorteil seiner Bekanntheit nutzt Gulda in seiner Arbeit bei RE.F.U.G.I.U.S., um mithilfe von Konzerten und Veranstaltungen einen positiven Zugang für die Anliegen des Vereins zu schaffen. Über die Auseinandersetzung mit dieser Thematik lernt Paul Gulda viel über Erinnerungskultur und den Umgang damit. »Ein Prozess, den man von niemanden lernen, sondern nur durch unmittelbares Handeln in Gang setzen kann.« Seiner Erfahrung nach können gesellschaftspolitische Veränderungsprozesse mit dem Ziel einer nachhaltigen Bewusstseinsbildung nur mittel- und langfristig gedacht werden. Für Planung und Umsetzung braucht es die Bereitschaft des Dialoges und der Zusammenarbeit auf allen gesellschaftlichen Ebenen – von der Politik bis zum Individuum.

Eines der wichtigsten Ziele des Vereins ist am 25. März 2012 erreicht worden, mit der Eröffnung der erweiterten »Gedenkstätte Kreuzstadl für die Opfer des Südostwallbaus«, mit einem Freilichtmuseum.

Für den Ausbau des Mahnmals zu einer Gedenkstätte wurden erste Pläne bereits 2002 entwickelt. Die mehrjährige Planungsphase konnte über EU-Förderungen, andere öffentliche Gelder und private Zuwendungen finanziert werden. Das Land Burgenland ist zum Großteil für die Budgetbereitstellung in der Realisierungsphase verantwortlich. Ein für Paul Gulda wichtiges Moment in der jahrelangen Arbeit des Vereins: Durch diese Zusage zeigt das Land Burgenland, dass es definitiv seine politisch-historische Verantwortung wahrnimmt.

Die Gestaltungungsfindung des Mahnmals zeichnete sich durch einen partizipativen Arbeitsprozess aus. Ein Team aus Künstlern, Wissenschaftler und Museumsexpert wurde eingeladen, Wissensvermittlung und Architektur zu einem sensiblen und ausdrucksstarken Gesamtwerk zusammenzuführen. In die Umsetzungsplanung flossen zudem Anregungen einer Arbeitsgruppe mit Jugendlichen, die sich intensiv mit dem Thema Gedenkstätten und Erinnerungsarbeit auseinandersetzen. Ebenfalls in den Prozess integriert wurden die Gemeinde Rechnitz mit dem Bürgermeister Engelbert Kenyeri, und gemeinsam mit dem Politikwissenschafter Walter Manoschek, Studierende der Universität Wien. Österreichische und ungarische Schriftsteller wurden eingeladen, »Wortspenden« beizutragen, so auch die Nobelpreisträgerin Elfriede Jelinek.

Die Architektur des Freilichtmuseums führt die Besucher einen Weg hinab, die Vertiefung soll bewusst an den Südostwall erinnern. An der Seitenwand des Grabens ist Informationsmaterial angebracht. Dokumentationen, Fotomaterial, Filmberichte, Videos und Interviews von Zeitzeug sowie Lebensgeschichten der Opfer sollen den

Besuchern ein Sich-Einlassen ermöglichen. Es entsteht ein Gedenkort, wie auch ein Ort des Lernens, Verstehens und der Begegnung.

Der Erinnerung wurde damit ein Ort gegeben, an dem aller Opfer des Südostwalls gedacht wird. Obwohl viele der Opfer wohl für immer anonym bleiben werden, gibt es nun zumindest für ihre Angehörigen einen Ort der Trauer und Aufarbeitung.

Friedensbibliothek in der ehemaligen Synagoge in Schlaining

Schlaining

Die geschichtlichen Quellen der jüdischen Gemeinde in Schlaining für das 18. Jahrhundert sind rar. Bekannt ist, dass neben den zwei heute bekannten Friedhöfen noch ein wesentlich älterer existierte. Dank mündlicher Überlieferung und einem alten Flurnamen ist zumindest seine ungefähre Lage bekannt. Fest steht, dass 1715 den Juden von der Grundherrschaft ein Grundstück zur Errichtung eines Tempels zugestanden wurde. Ob der Standort dieses Tempels mit dem der heutigen, noch erhaltenen Synagoge übereinstimmt, ist allerdings nicht bekannt. Der Bau der heute noch erhaltenen Synagoge mitsamt dem dazugehörigen Rabbinerhaus ist aller Wahrscheinlichkeit nach auch auf das 18. Jahrhundert zu datieren. 1846 gab die Kultusgemeinde dem Pinkafelder Maurermeister Johann Lang den Auftrag zum Umbau und zur Renovierung. Namentlich bekannt ist nur ein Rabbiner vor 1800, und zwar der zwischen 1770 und 1795 amtierende Jakob Lebel. Die jüdischen Familien lebten ab dem 17. Jahrhundert in Wohnungen, die sie von der Familie Batthyány mieteten. Insgesamt konnten so 55 bis 60 Familien untergebracht werden. Mit der erhöhten Zuwanderung ergab sich, dass sich immer mehr Juden auch bei Schlaininger Bürgern einmieteten. Der Erwerb eigener Häuser stellte eher eine Ausnahme dar. In der zweiten Hälfte des 19. Jahrhunderts konnte sich eine kleine jüdische Oberschicht etablieren, bestehend aus Kaufleuten und Gemeindeverwaltungsbeamten. Abgesehen von einer ebenfalls kleinen Mittelschicht, die sich aus Handwerkern und Gewerbetreibenden zusammensetzte, war jedoch der Großteil der jüdischen Bevölkerung sehr arm. Unterstützung fanden sie nur durch die aktiven Vereine oder Stiftungen. Die jüdischen Gemeinden organisierten ihr soziales und kulturelles Leben oft über Stiftungen, Vereine und Einrichtungen zur Versorgung. Dies ist durch ein Spezifikum des jüdischen Glaubens zu erklären. Anders als im Christentum, welches an die Wohltätigkeit des Einzelnen appelliert, ist es nach jüdischer Tradition ein Recht der Armen, ihren Anteil an Unterstützung einzufordern. So gab und gibt es in jeder jüdischen Gemeinde einen »Chewra Kadischa«, einen Bestattungsverein, der eben auch dafür sorgte, jedem Mitglied, ob arm oder reich, ein angemessenes, nach den Regeln des jüdischen Glaubens ausgerichtetes Begräbnis zu ermöglichen. Die Chewra Kadischa achtet auch darauf, dass die Glaubensvorschriften eingehalten werden. Deren Bücher sind oft die wichtigsten Zeugnisse über das kulturelle und soziale Leben von jüdischen Gemeinden.

Im 19. Jahrhundert wurde im Stadtgebiet ein neuer Friedhof angelegt. Eine wissenschaftliche Untersuchung der Grabinschriften aus den 1920er-Jahren ergab, dass es einen regen Austausch zwischen der Schlaininger Gemeinde und den Gemeinden Eisenstadt und Mattersdorf, den Zentren der jüdischen Orthodoxie, gab. Zudem geht daraus die Zuwanderung polnischer Juden hervor, genauer gesagt aus der Kleinstadt Pinszow. Um 1902 wurde schließlich ein neuer Friedhof außerhalb der Stadt errichtet, der bis heute erhalten ist. 1997/98 wurde das Gelände umzäunt und ein Mahnmal errichtet.

In der jüdischen Schule fand Unterricht in drei Klassen statt, und zwar von Sonntag bis Freitag. Die Lehrer Pless und Neustadt unterrichteten unter anderem auch Ungarisch und Hebräisch. Wie lang diese Schule bestand, ist

Blick auf das Judenhaus

umstritten. Es kann aber angenommen werden, dass bis weit ins 20. Jahrhundert Unterricht stattfand. Die Gemeinde betrieb außerdem noch ein rituelles Badehaus.

Die Aufhebung der Erwerbs- und Aufenthaltsbeschränkungen und die wirtschaftlich begründete Abwanderungsbewegung gegen Ende des 19. Jahrhunderts betraf die Schlaininger Gemeinde besonders stark. Die Schlaininger Juden siedelten sich vor allem in Oberwart und Großpetersdorf an. Die jüdische Kultusgemeinde in Großpetersdorf existierte amtlich anerkannt seit 1895. Auch in Pinkafeld und Bad Tatzmannsdorf lebten seither zumindest genug Juden, um einen »Minjan« zu formen, damit ein jüdischer Gottesdienst abgehalten werden kann. Die Oberwarter Gemeinde wollte sich auch bald von der Muttergemeinde Schlaining lösen und es kam zu Auseinandersetzungen. 1922 schließlich verließ der letzte Rabbiner, Felix Blau, Schlaining Richtung Oberwart, wo er ab 1924 als Rabbiner tätig war. 1934 lebten nur noch 19 Juden in Schlaining.

Mit dem Anschluss Österreichs 1938 wurden die Juden in Schlaining enteignet, die jüdischen Geschäfte arisiert und an die Einwohner verkauft. Die Besitzungen der Kultusgemeinde Oberwart kaufte die politische Gemeinde Schlaining für nur 3.316 Reichsmark. Davon wurden auch noch Schulden und Abgaben bezahlt, der Rest kam auf ein Sperrkonto und durfte, wie aus dem Vertrag hervorgeht, für »... Speditionskosten für die Versendung des Umzugsgutes, Kosten für die Bezahlung der Eisenbahnfahrkarten, Schiffs- und Flugkarten, sowie der Einreisevisa ...« der Vertriebenen verwendet werden. Die Maßnahmen zur Enteignung stießen auch manchmal auf Widerstand oder zumindest Empörung. Wie im Fall des jüdischen Kaufmanns Mayer, als dessen Geschäft arisiert und Ware und Inventar zu Schleuderpreisen verkauft wurden. Mayer war vielen als besonders hilfsbereiter Mensch im Gedächtnis, vor allem Arbeiterfamilien half er in der Wirtschaftskrise mit Krediten aus. Die meisten Schlaininger Juden konnten anscheinend nach Wien und von dort weiter ins Ausland flüchten. Die einzelnen Schicksale sind aber zu wenig bekannt. Zurück nach Schlaining kehrte niemand mehr. Die Schlaininger Synagoge wurde im November 1938 verwüstet, aber nicht zerstört. Im Gegensatz zu anderen Gemeinden wurde die Synagoge auch nicht zweckentfremdet. Der Gebäudekomplex stand lange leer.

Die Beziehung der Schlaininger Bevölkerung zu ihren jüdischen Mitbürgern wird oft als gut dargestellt. Mit dem Österreichischen Studienzentrum für Frieden und Konfliktlösung (ÖSFK) und dem Europäischen Friedensmuseum präsentiert sich Stadtschlaining als ein Ort der Auseinandersetzung und der wissenschaftlichen Reflexion. Aufgrund der universitären Lehrgänge leben viele interna-

Der ehemalige Tempel, Friedensbibliothek

tionale Studierende dort. Vielleicht mag dieser Umstand dazu beitragen, dass es immer wieder Bemühungen gab, sich auch mit der jüdischen Geschichte zu beschäftigen. Der Verein Concentrum, untergebracht in der ehemaligen Rabbinerwohnung, organisierte zusammen mit dem Studienzentrum und der Stadtgemeinde 2001 das Projekt »Welcome to Stadtschlaining«. Schlaininger Juden und Jüdinnen beziehungsweise deren Nachkommen wurden nach Schlaining eingeladen, um ihnen eine Begegnung mit ihrer Heimatstadt zu ermöglichen. Andererseits sollte die Schlaininger Bevölkerung die Möglichkeit bekommen, mit ehemaligen Mitbürgern zu sprechen, um gemeinsam einem Stück Vergangenheit versöhnlich näher zu kommen.

Der alte jüdische Friedhof in Schlaining

Im beschaulichen Ortskern, mit dem schon berühmten Storchennest am Kirchturm, gehen wir durch einen Durchgang mit anschließendem Hof und kommen zu dem 1988 behutsam renovierten Gebäude, das die Synagoge und das Rabbinerhaus beherbergte. In dem ehemaligen Tempel befindet sich nun die Bibliothek des ÖSFK. Eingedenk der Geschichte der Juden – nicht nur im Burgenland, sondern in ganz Europa – mit all den ihnen widerfahrenen Diskriminierungen, Vertreibungen und Progromen bis hin zu Schoa ist die Tatsache, dass sich in einem ehemals lebendigen Zentrum jüdischen Lebens, der Synagoge, nun eine Bibliothek des Friedens befindet, ein überraschend positiver Moment. Nun bietet sie Platz zur Auseinandersetzung und Beschäftigung mit dem friedlichen Zusammenleben zwischen Menschen vielfältiger Kulturen, Religionen und Ethnien.

Als schwieriger gestaltet sich wieder einmal die Suche nach den Friedhöfen. Leider kann uns auch die Bibliotheksmitarbeiterin keine genauen Ortsangaben machen. Die Basteigasse, mitten in der Stadt, müssen wir zwei Mal auf und ab gehen, um herauszufinden, dass wir uns auf unbefestigte, holprige Wege begeben müssen, um zwischen Gänseställen zu dem privaten Grundstück zu gelangen, wo sich der ältere Friedhof einst befand. Mittlerweile wurden die Grabsteine, oder besser gesagt die erhaltenen Überbleibsel, in eine Mauer eingelassen, auf welche 2002 auch eine Gedenktafel angebracht wurde. Gegenüber an einer Hausmauer befindet sich auch eine sogenannte Erlebnisstation des kulturhistorischen Wanderwegs »Gott, Welt und Teufel«, mit einer geschichtlichen Zusammenfassung über das jüdische Leben in Stadtschlaining.

Fassade der ehemaligen Synagoge

Oberwart

Der ungarische Reichstag erlaubte mit einem Gesetz aus dem Jahr 1840 den Juden das Betreiben von Handel und Gewerbe in ganz Ungarn. Daraufhin zogen viele Juden in die wirtschaftlich aufstrebende Ortschaft Oberwart. Als im Jahr 1888 die Bahnlinie Szombathely-Pinkafeld eröffnet wurde, zogen noch mehr Juden hierher, vor allem aus Schlaining kamen viele Familien. Davor, bereits im Jahr 1824, wird von drei Personen mosaischen Glaubens berichtet. 1868 wurde in Oberwart eine Tochtergemeinde von Schlaining gegründet und ab 1905 gab es dort schon mehr jüdische Mitglieder der Schlaininger Kultusgemeinde als in Schlaining selbst. 1890 lebten 101 Juden in Oberwart. Durch die starke Abwanderung verringerte sich der Einfluss der Schlaininger Vorstandsmitglieder innerhalb der Oberwarter Gemeinde immer mehr, außerdem wurde die Kultussteuer mehrheitlich von Oberwarter Mitgliedern entrichtet. Dieser Umstand brachte 1922 zehn Mitglieder dazu, dass sie von nun an die Steuer nicht mehr an die Schlaininger sondern an die Oberwarter Kultusgemeinde bezahlen wollten. Die finanzielle Lage der jüdischen Gemeinde Schlaining verschlechterte sich drastisch. Die Oberwarter Kultusgemeinde beanspruchte spätestens seit 1924 den Status einer eigenständigen Gemeinde, amtlich wurde sie allerdings erst 1930 zur Kultusgemeinde erhoben.

In Oberwart lebten die jüdischen Bewohner nicht in einem eigenen Viertel, die meisten Wohnungen und Geschäfte befanden sich an der Hauptstraße. In den 1930er-Jahren waren sie als Händler oder in der Warenproduktion tätig. Ihre Kundschaft kam aus allen gesellschaftlichen Schichten. Es gab aber auch Handwerker, wie Schuster, Schneider, Hutmacher, Elektriker und Kürschner, außerdem gab es Fleischer, Weinhändler und Holzproduzenten. Sechs Familien übten freie Berufe aus, sie waren Ärzte und Rechtsanwälte. »Da war noch die Sache mit dem Kapuziner-Mönch, mit dem braunen Kittel und einem Strick um die Taille und Sandalen, bettelte um Almosen. Und mein Vater gab ihm immer etwas, weil wir gute Beziehungen zu den Christen hatten. Wenn diese ein Schwein schlachteten, brachten sie uns immer Würste und Blutwurst. Und wenn wir Feiertage wie Pessach, um die Osterzeit, hatten, haben wir ihnen auch immer Bäckereien gegeben.«[2]

Diese hier so nett anmutenden Beziehungen zwischen Juden und Nicht-Juden verschonte die jüdische Bevölkerung Oberwarts nicht vor den Nazis. Innerhalb kürzester Zeit nach dem Anschluss mussten sie ihre Geschäfte aufgeben und Oberwart verlassen. Über das Schicksal der 138 Juden, die 1934 hier noch lebten, ist leider wenig bekannt. Einige konnten über Wien ins Ausland flüchten, bis nach Argentinien, Bolivien, England, in die USA, nach Palästina, Shanghai und Australien. Die, denen es nicht gelang, rechtzeitig auszuwandern sind wahrscheinlich umgekommen. Die Synagoge, die 1904 erbaut wurde und zu deren Einweihung der Oberrabbiner Bela Bernstein kam, wurde 1938 zum Feuerwehrhaus umgebaut und auch nach Kriegsende als solches weiterbenutzt. Als die Gemeinde das Gebäude 1990 zur Musikschule umbaute, wurde ein Teil der Fassade der ehemaligen Synagoge

---

2 Interview mit Joseph P. Weber, Oberwart – Pacifica, CA / USA; geführt von Gert Tschögl am 7.10.2002, Burgenländische Forschungsgesellschaft.

Mahnmal für die Opfer des Nationalsozialismus

nachempfunden. Eine seitlich angebrachte Gedenktafel erinnert an das ehemalige Bethaus. Im Stadtzentrum befindet sich vor dem Kriegerdenkmal ein Gedenkstein für die Opfer des Nationalsozialismus. Der jüdische Friedhof wurde in der Zwischenkriegszeit angelegt und ist Teil des Kommunalfriedhofes.

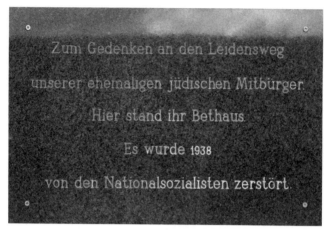

Gedenktafel bei der ehemaligen Synagoge

Kein Mitglied der ehemaligen Kultusgemeinde ist nach 1945 zurückgekommen.

Heute lebt in der Bezirkshauptstadt wieder ein Jude – der Arzt Lutz Popper.

Seine erste – virtuelle – Reise unternimmt **Lutz Popper** schon als Neugeborener im Kindbett. Er wird am 1. März 1938 in Wien als Österreicher geboren und kommt am 14. März, nachdem er und seine Mutter das Spital verlassen haben, als deutscher Staatsbürger im Deutschen Reich an. Das Moment des oft unfreiwilligen Auswanderns prägt seine Familie, eine seit Anfang des 19. Jahrhunderts in Wien ansässige jüdische Kaufmannsfamilie, schon seit Beginn des 20. Jahrhunderts. Die Familie seines Vaters Ludwig Popper, der 1904 ebenfalls in Wien geboren wurde, musste Wien 1908 Richtung Paris verlassen, nachdem die Tapeten- und Lehmfabrik des Großvaters abgebrannt ist und sie vor dem finanziellen Ruin standen. Ein Verwandter, der Bankier Guillaume Bardach, bot dem Großvater daraufhin eine Anstellung als Prokurist in seiner Bank an. Bis zum Beginn des Ersten Weltkriegs lebte die Familie in der französischen Hauptstadt, dann gehörten sie als österreichische Staatsbürger zu den Kriegsgegnern Frankreichs. Über die Vermittlung von Bardach gelang es der Familie in die Schweiz nach Zürich zu kommen. Dort absolvierte Ludwig Popper die Mittelschule und will nach dem Abschluss unbedingt nach Wien um Medizin zu studieren. Nicht, weil er Sehnsucht nach seiner Geburtsstadt gehabt hätte – als er sie verließ, war er gerade vier Jahre alt –, sondern weil damals der Ruf der Medizinischen Fakultät weit über die Grenzen Österreichs bekannt war. Sie zählte zur internationalen Spitzenklasse und erreichte gerade in den 1920er-Jahren ihren Höhepunkt. Medizin-Nobelpreise für Karl Landsteiner (1930) oder Otto Loewi (1936) zeugen von dieser glanzvollen Periode.

Ludwig Popper kommt 1921 zum Studium zurück nach Wien, muss zuerst Chemie inskribieren, weil er Fristen versäumt hat, bevor er mit dem Medizinstudium beginnen kann. Er promoviert 1927, arbeitet danach als Internist am Allgemeinen Krankenhaus und wird mit 27 Jahren Oberarzt. Sein eigentlicher Forschungsschwerpunkt gilt der Arbeits- und Sozialmedizin. Ein Fachbereich, für den er sich politisch in der Öffentlichkeit einsetzt und dabei auch intensiv mit dem bekannten Arzt und sozialdemokratischen Politiker Julius Tandler zusammenarbeitet. Tandler selbst fungierte mehrere Jahre als Stadtrat für das Wohlfahrts- und Gesundheitswesen in Wien und engagierte sich dabei besonders gegen die als »Wiener Krankheit« bezeichnete Tuberkulose.

Im Januar 1933 reicht Ludwig Popper seine Habilitation ein. Und wartet auf die Beurteilung. Trotz oftmaligen Nachfragens erhält er keine Auskunft darüber, was mit seiner wissenschaftlichen Arbeit denn nun passiert sei. Seine Frau Friederike, eine katholische Krankenschwester, die er 1934 geheiratet hat, fordert ihn immer wieder dazu auf, energischer vorzugehen. Poppers resignierende Antwort »als jüdischer Arzt muss man eben den Kopf einziehen« beschreibt schon recht deutlich die antijüdische Stimmung in Wien der 1930er-Jahre, die gerade unter Medizinern und an den Krankenhäusern sehr stark ausgeprägt war. Was sich nach vier Jahren des Wartens für Popper auch bewahrheitet hat. Seine Habilitation wurde während dieser Zeit nicht einmal angesehen und ist einfach im »Ladl« gelegen. Zur Beurteilung kam es dann nicht mehr. Im Mai 1938 wurde die Arbeit als von einem Nicht-Arier verfasst abgelehnt. Ein weiterer Tiefschlag für Popper, der schon seit 1936 ohne reguläre Beschäftigung war. Seine Frau Friederike sorgte in diesen Jahren mit ihrem Einkommen als Krankenschwester für die Familie, weiters kommen die Söhne Peter (*1936) und Lutz (*1938) auf die Welt. Aber auch für sie, die sich nun nach der Machtübernahme der Nationalsozialisten und der Implementierung der Nürnberger Gesetze in einer Mischehe befand, wurde es immer schwieriger, ihre Anstellung aufrecht zu erhalten.

Ein Cousin von Friederike, der sich nach dem Anschluss zu seiner langjährigen, illegalen NSDAP-Mitgliedschaft bekennt, war es, der Ludwig Popper kurz vor dem Sommer 1938 gewarnt hat. Es sei nun höchste Zeit für ihn, aus dem Land zu verschwinden. Ludwig wollte sofort in die Schweiz, zu seinen Freunden aus der Schulzeit. Sie setzten sich bei allen möglichen offiziellen Stellen für ihn ein, aber er bekommt in Wien kein Visum mehr. So verlässt er die Stadt am 5. August 1938 in Richtung Mailand, weil er über verschlungene Kanäle erfahren hat, dass am dortigen Konsulat noch Visa für die Schweiz vergeben werden. Er kommt zwei Tage zu spät, kann nicht mehr zurück nach Wien. Muss seine Frau und zwei Kinder zurücklassen. Von Mailand versucht er, fast ohne jegliche finanzielle Unterstützung, mit der Hilfe seiner Schweizer Freunde doch noch nach Zürich zu kommen. Das nimmt mehr als vier Wochen in Anspruch, während der er in einem Frauenkloster nahe Mailand unterkommt.

Endlich gelingt es ihm mit einem 3-Monatsvisum nach Zürich zu reisen. Er bekommt sogar über die Beziehungen seiner Freunde in die Vereinigten Staaten ein Affidavit (eine beglaubigte Bürgschaftserklärung). Nur kommt das angeblich niemals in der amerikanischen Botschaft an. Mittlerweile läuft ihm die Zeit davon. Er muss immer wieder sein Visum verlängern und dabei jedes Mal die Angst haben, dass die Verlängerung abgelehnt wird. Diese enorm aufreibenden Wochen und Monate des Wartens und der Angst, in denen Friederike und Ludwig in ständigem Briefkontakt stehen, sind in dem berührenden Kompendium »Briefe aus einer versinkenden Welt«, das Lutz Popper 2008 herausgegeben hat, nachzulesen. Ein letzter Versuch, nachdem ihm das Affidavit aus den USA persönlich zugesandt wurde, ein Visum nach Amerika zu bekommen, scheitert. Der Beamte weist sein Ansuchen auf unbestimmte Zeit zurück. Wie zum Hohn sieht Ludwig Popper sein erstes Affidavit, das ja niemals angekommen sein soll, obenauf in der Antragsmappe des Beamten liegen.

Die Zeit für ihn und seine Familie wird immer enger. Seine Frau Friederike hat ihre Arbeit bereits verloren und muss sich neben der Betreuung ihrer (Kleinst-)Kinder auch um die enervierenden und oft schikanösen Formalitäten ihrer Ausreise aus Wien kümmern. Interessanterweise ist es in diesen Monaten wiederum ihr Cousin, der ihr finanziell unter die Arme greift und letztendlich dann auch das Ticket für die Ausreise bezahlt.

In Zürich hat Ludwig Popper über eine tschechische Freundin in Wien, deren Vater in der Botschaft Boliviens in Prag (!) arbeitet, herausgefunden, dass dieses südamerikanische Land eines der letzten ist, welches noch relativ großzügig Visa an europäische Juden vergibt. Ein neuer Anlauf gegen die Zeit beginnt. Popper versucht, in der Botschaft Boliviens in Prag Visa zu bekommen. Die Beamten sichern ihm diese auch zu. Ihr Antrag wird genehmigt, wie sie erleichtert zu hören bekommen. Aber er kann den Antrag für Durchreisevisa durch Frankreich und Chile für seine Familie nur gemeinsam mit seiner Frau in Basel stellen. So muss Friederike zu ihm reisen und beide stellen das Ansuchen. Zurück in Wien kümmert sie sich um die Ausreisegenehmigungen für sich und die beiden Söhne. Für sie wäre es kein Problem, wird ihr von Amtswegen beschieden, aber für die beiden »Halbjuden«, die sie ihre Kinder nennt, sehr wohl. Das ist der Moment, in dem Ludwig Popper, der versucht hat, sich auch in den widrigsten Situationen an die herrschenden Gesetze zu halten, in seiner Verzweiflung seine Frau auffordert, mit den Kindern illegal über die Grenze in die Schweiz zu kommen. Soweit kommt es nicht. Sie bekommen die Durchreisevisa doch noch und können in die Schweiz ausreisen. Dafür fliegt in Paris an der bolivianischen Botschaft ein Korruptionsskandal auf: Visa wurden unter der Hand verkauft. Bolivien stoppt vorerst die Einwanderung für Emigranten aus Europa. Wieder beginnt für die Familie eine Zeit bangen Wartens.

Endlich im Juli 1939 ist es soweit. Bolivien öffnet wieder seine Grenzen und der Familie gelingt über den französischen Hafen La Rochelle die Flucht nach Bolivien. Ins fremde, vollkommen unbekannte Exil, in dem die Familie bis 1947 bleiben wird.

Im burgenländischen Oberwart im Januar 2012 erzählt Lutz Popper mit ruhiger, eindrücklicher Stimme die Geschichte seiner Eltern. Folgt ihr chronologisch, berichtet die Fakten und vermeidet Emotionen auszuspielen. Emotionen, die den Zuhörer bei dieser Geschichte auch ohne unterstreichende Dramatik sowieso erreichen. Wenn er über die Jahre in Bolivien redet, ändert sich dann ein wenig sein Tonfall. Jahre, an die er sich sehr gut erinnern kann, die ihn sehr geprägt haben. Schließlich ist er in diesem Land vier Jahre lang zur Schule gegangen und er hat auch danach in Österreich viel darüber erzählt. Von den Mühen der ersten Monate, als sein Vater gezwungen war, als Hausmeister zu arbeiten und seine Mutter als Köchin mit ihrer böhmischen Küche kulinarisch punkten

Lutz Elija Popper: Arzt

konnte. Doch dann bekommt sein Vater das Angebot als Arzt die Militärgarnisonen im Gran Chaco zu betreuen. Ludwig Popper weiß zwar nichts von der Beschaffenheit der Region im Südosten Boliviens, aber die Aussicht auf ein fixes Einkommen und als Arzt zu arbeiten, lassen ihn dieses Angebot annehmen. Sieben Jahre verbringt die Familie nun in diesem weiten Landstrich mit seinem tropischen, bis subtropischen Klima an den Grenzen zu Paraguay, Argentinien und Brasilien. Sie ziehen von einer Garnisonstadt zur anderen, insgesamt 35 Mal. Seine Mutter hat auch wieder die Möglichkeit als Krankenschwester zu arbeiten. Die beiden – fast eine mobile Praxis – werden allseits geschätzt.

Nebenbei erleben sie noch fünf Revolutionen im Land, die immer neue Juntas an die Macht bringen und damit neue militärische Direktiven. Und Friederike bekommt noch zwei Töchter, Susanne (*1941) und Madeleine (*1945). Erst im letzten Jahr ihres Exils in Bolivien schafft es die Familie einigermaßen zur Ruhe zu kommen. Ludwig Popper wird als Arzt an die Kadettenschule in der Hauptstadt La Paz versetzt. Ein ehemaliger Militärkommandant einer Garnisonstadt kommt im Zuge einer weiteren Revolution zu höheren Ehren und erinnert sich bei der Postenvergabe an den Arzt und die Krankenschwester im Gran Chaco. Trotz der Mühen und der permanenten Odyssee erinnert sich Lutz Popper gerne an diese aufregende Jugendzeit.

Seit Ende des Zweiten Weltkriegs hat Ludwig Popper immer wieder versucht, doch noch eine Einreisemöglichkeit in die Vereinigten Staaten zu erlangen. Doch diese Tür blieb verschlossen. Letztendlich kehrte die Familie 1947 nach Wien zurück.

Ludwig Popper arbeitet nach seiner Rückkehr als (Primar-)Arzt in Lainz und im Wilhelminenspital und – seine Habilitation wird endlich approbiert. 1963 bekommt er vom österreichischen Staat die Summe von 10.300 Schilling als Entschädigung zugesprochen.

Neben seiner regulären Arbeit schreibt er medizinische Gutachten über die verheerenden Auswirkungen der Konzentrationslager auf Überlebende. In der Familie selbst wird aber niemals über diese Zeit, die Verfolgung, die Leiden der Betroffenen und die systematische Ausrottung der Juden diskutiert, bemerkt Lutz Popper. Seine Mutter Friederike stirbt 1966, sein Vater im Jahr 1984.

Lutz Popper ergreift ebenfalls den Beruf des Arztes, spezialisiert sich auf Urologie. Bis zu seinem 35. Lebensjahr lebt er in Wien. Bis ihn und seine Frau Helga ein vermeintlich verlockendes Angebot an das Spital nach Oberwart führt. Über die ersten Jahre im Burgenland, die nicht erfüllten Versprechungen der Gemeinde und Verantwortlichen im Spital kann das Ehepaar heute mit einem Lächeln sprechen. Neben seinem Arztberuf arbeitet Popper in den 1970er Jahren unter Bundeskanzler Bruno Kreisky am Humanprogramm der SPÖ mit, engagiert sich für die Roma und deren massive Probleme in Oberwart. Die jugendlichen Roma erinnern ihn an seine damals besten Freunde in Bolivien. Er fühlt sich wohl, fast wie zu Hause, wenn er bei diesen Familien ist und mit ihnen redet. Ein Engagement, für das er in den letzten Jahrzehnten häufig angegriffen und kritisiert wurde. Aber nichts kann ihn von seiner profunden humanistischen Überzeugung und Lebensweise abbringen. Und – fast ist man geneigt zu schreiben, selbstverständlich – er ist ein aktives Mitglied des

Vereins RE.F.U.G.I.U.S., der sich unter anderem die Aufklärung und Aufarbeitung des Massakers an jüdischen Zwangsarbeitern in Rechnitz im März 1945 zum Ziel gesetzt hat.

Solche historischen Lücken in der öffentlichen Erinnerung oder sogar deren Verdrängung waren es, die Lutz Popper eingehend über sein Verhältnis zum Judentum nachdenken ließen. Dieses Reflektieren begann schon kurz nach dem Tod seines Vaters 1984. Im Nachlass fand er unter anderem die Briefe, die sich er und seine Frau – wie schon erwähnt – in den Wochen und Monaten vor ihrer Flucht geschrieben haben. Und es waren auch die offenen Fragen zu dieser Zeit, die er seinem Vater noch gerne gestellt hätte und die ihm sein Vater zuvor niemals beantwortet hat. Das Jüdischsein war kein bestimmendes Thema in der weit verzweigten Familie, die sich eher säkular definierte. Lutz Poppers Vater ging auch nur zu bestimmten Anlässen, wie Hochzeiten oder Bar Mitzwas, in die Synagoge. Mit der Aufarbeitung der Briefe und der Publikation des Buches wurden einige Fragen für ihn beantwortet, aber neue Fragen tauchen auf. Wohl auch gefördert vom Jahr 1986, als die Diskussion über Kurt Waldheim und den Aufstieg Jörg Haiders, verbunden mit einem Ansteigen antisemitischer Tendenzen, die Politik und Gesellschaft in Österreich dominierten. Mit Schauern erinnert sich Lutz Popper noch an die gelben Wahlkampfplakate im Präsidentschaftswahlkampf 1986. Genauso sind ihm Reden von Jörg Haider noch immer präsent, bei denen es ihm kalt über den Rücken lief und er sich unweigerlich denken musste: »Wohin fahren wir dieses Mal, wenn wieder so etwas passiert wie 1938?«

Als dann im Jahr 2000 die Schwarz-Blaue-Regierung angelobt wurde, war es für ihn Zeit, sich zu bekennen, zu seinen Wurzeln zurückzukehren. Er hatte schon in den Jahren zuvor immer wieder mit dem Oberrabbiner Paul Chaim Eisenberg über eine mögliche Konversion geredet. Der hat ihn aber immer wieder zurückgeschickt. Nur diesmal war es ihm absolut ernst. Er wollte sich ganz eindeutig positionieren. Er nimmt den langjährigen Prozess der Konversion auf sich und tritt im Jahr 2003 endgültig zum Judentum über.

Heute lebt er bewusst seine jüdische Identität und findet es spannend, dass es in persönlichen Gesprächen in Oberwart oder anderswo im Burgenland mit Freunden und Bekannten immer häufiger passiert, dass sich Menschen plötzlich doch an jüdische Wurzeln in ihren Familien erinnern. Menschen, die sich bis ins Alter nicht zur Geschichte oder Identität ihrer Familie geäußert haben. Eine Tatsache, die er eben dem Alter, einer gewissen Unsicherheit – und der Möglichkeit mit sich und seiner Geschichte doch noch ins Reine zu kommen – zuspricht. Warum die Bewusstmachung so lange gedauert hat, dafür sei aber auch eine geistige Trägheit dieser Personen, sich mit der eigenen Geschichte auseinander zu setzen, mitverantwortlich, so Lutz Popper.

Lutz Elija Popper, ein aufrichtiger Humanist und einer der wenigen jüdischen Menschen, die heute noch im Burgenland leben, meint zum Abschluss, dass man einfach mit den Menschen und der Politik Geduld haben muss und niemals, aber wirklich niemals an der Welt verzweifeln darf. Kennt man seine Geschichte und die seiner Familie, sein soziales Engagement, dann weiß man, dass ihm das mit Sicherheit nie passieren wird.

Jakob Grünfeld, der letzte Rabbiner der jüdischen Gemeinde

Güssing

Das Stadtbild wird von der Burg dominiert, die seit eh und je am Hügel inmitten von Güssing thront. Im Rathaus treffen wir auf Gilbert Lang, dem Vizebürgermeister des Ortes. Mit seinem Geschenk, dem kleinen Büchlein »Güssing in alten Ansichten« und den darin enthaltenen, alten Fotografien, kommen wir der Geschichte Güssings näher, welche auch von ihren jüdischen Bewohner geprägt wurde. Wir sind dankbar für die Unterstützung, die uns im Rathaus widerfährt. Jenem Gebäude, an dessen Stelle sich einst die Synagoge von Güssing befand. Aber eins nach dem anderen ...

Christoph und Zsigmond Batthyány haben in der zweiten Hälfte des 17. Jahrhunderts die Ansiedlung von Juden in Güssing aus wirtschaftlichen Überlegungen forciert. Aus dieser Zeit stammen auch die ersten schriftlichen Belege für jüdische Anwohner. Allerdings muss davon ausgegangen werden, dass schon viel früher Juden in der Gemeinde Güssing gelebt haben, wahrscheinlich haben sich die ersten Juden schon nach den Vertreibungen aus Österreich von 1496 in Güssing angesiedelt. Dafür spricht, dass diese Stadt wirtschaftlich um einiges bedeutender als Rechnitz oder Schlaining war. Die jüdische Gemeinde entstand als eine Tochtergemeinde von Rechnitz und wurde 1728 oder 1732 unabhängig. Die Güssinger Juden wollten aus dem Schutz der Fürstin Eleonore von Batthyány-Strattmann treten und legten ein Ansuchen an den jüngeren, gräflichen Zweig in Güssing, den Burgherren, unter seinen Schutz treten zu dürfen. Mit dieser Gemeindegründung gingen heftige Auseinandersetzungen mit der Muttergemeinde Rechnitz einher.

Weil es dabei auch um Geld ging, kann angenommen werden, dass die Trennung auch von der Adelsfamilie gewollt war. Die Juden lebten im Stadtmeierhof, in dem Wohnungen und Geschäfte eingerichtet wurden, untergebracht waren auch die Synagoge mit angeschlossener Rabbinerwohnung und eine Mikwe. Dafür zahlten sie ab 1750 Abgaben. Die meisten jüdischen Bürger aus Güssing waren Händler oder Handwerker, eine Pottasche- und Wagenschmierbrennerei wurde von ihnen betrieben. Außerdem wird 1768 auch von zwei Musikern berichtet, die im Ort tätig waren.

Ihre Blütezeit hatte die jüdische Gemeinde in Güssing in der ersten Hälfte des 19. Jahrhunderts. 1857 wurden 750 jüdische Personen gezählt, was 40,5 Prozent der Gesamtbevölkerung ausmachte. Die gräfliche Familie unterstützte den Aufbau einer Infrastruktur, sodass es zu einem Zuzug jüdischer Familien kam. 1799 bekam die jüdische Gemeinde von der Grafenfamilie einen Friedhofsplatz geschenkt. Im Jahre 1814 übergab ihnen Graf Christoph Batthyány ein neues Gebäude, das ursprünglich als Baumwollspinnerei für seinen Vater dienen sollte. 1829 lebten dort 21 jüdische Familien und die Bezeichnung Judenhaus wird auch heute noch verwendet. In dem Schulgebäude gegenüber dem ersten Friedhof, am Rand des ehemaligen Stadtgrabens, fand ab 1854 Unterricht statt. Ein Jahr später erwarb die Kultusgemeinde das Schulgebäude. Es wurden vorerst drei, später vier Klassen in deutscher Sprache unterrichtet. Im Keller der Schule befand sich auch das rituelle Bad, hebräisch Mikwe, von den Güssingern allerdings »Tunkh« genannt. Davor befand sich das Bad im Stadtmeierhof. Auch gab es ab 1885 ein Schlauchthaus der jüdischen Gemeinde unweit des Friedhofs. Die

Der jüdische Tempel im Jahr 1931

Familie Batthyány ließ 1837/38 mitten im Ort eine neue Synagoge errichten, welche die Kultusgemeinde später den Grundherren abkaufte. Der Ziegelbau hatte sechs hohe Fenster zur Straße hin und war innen mit Stuckatur ausgestattet. Der Tempel hatte einen Frauenchor und ein angrenzendes Nebengebäude mit einer Wohnung für den Rabbiner. 1953 wurde das Gebäude abgerissen und an der Stelle wurde das Rathaus errichtet, an dem sich heute eine Gedenktafel befindet.

Überliefert ist, dass an der sogenannten »Judenbrücke« in Güssing ein orthodox-jüdischer Volksbrauch lange praktiziert wurde, er wird als »Taschlich« oder neuhebräisch auch »Kapparot« bezeichnet. Bei diesem Brauch, der zu Rosch Ha-Schana (jüdisches Neujahrsfest) stattfand, standen die Angehörigen der jüdischen Gemeinde auf der Brücke, verneigten sich gegen das fließende Wasser und beteten um die Vergebung ihrer Sünden. Dabei warfen sie

Brotkrumen oder Zettel, auf denen ihre Sünden geschrieben waren, ins Wasser. Gingen diese unter, wurden ihnen ihre Sünden symbolisch vergeben. Die Brücke wurde 1945 von der Deutschen Wehrmacht gesprengt und auch der Flusslauf wurde in den 1970er-Jahren zugeschüttet. Dieser aus Osteuropa stammende Brauch wurde in Mitteleuropa schon fast wieder vergessen und erst zu Beginn des 20. Jahrhunderts wieder in Wien durch jüdische Zuwanderer aus Ost-Galizien eingeführt, welche dann zu Tausenden am Donaukanal standen und Brotkrumen ins Wasser warfen.

In der zweiten Hälfte des 19. Jahrhunderts ergab sich auch in Güssing eine Abwanderung jüdischer Bewohner in die wirtschaftlich anziehenderen Städte Innerungarns. Mit den Auswanderern verbreitete sich auch der Name Gissing oder Gissinger in der ganzen Welt und heute findet man diesen Namen nicht nur im westungarisch-slowakischen Raum und in Bratislava, sondern auch in den USA und Israel. So lebten 1880 nur noch 269 Juden in Güssing und die Zahl nahm weiter ab. 1920 wurden 94 und 1934 noch 74 Personen gezählt. Jedoch waren zur Zwischenkriegszeit noch einige bedeutende Betriebe in jüdischer Hand, unter anderem ein Sägewerk, ein Ziegelofen, ein Molkereibetrieb und eine Fleischerei. Das von der Familie Latzer betriebene Gasthaus »Jockel-Wirt«, welches 1938 enteignet wurde, befand sich bis zum Tod von Nikolaus Latzer 1994 (wieder) im Familienbesitz und beherbergt heute ein Kaffeehaus und einen Uhrmacherladen.

Bei der Machtübernahme der Nationalsozialisten in Österreich wurden die Juden enteignet oder ihr Gut wurde ihnen um lächerliche Summen abgeknöpft. Die 75 Juden, die sich im März 1938 noch in Güssing befanden, wurden brutal vertrieben. Ein Teil von ihnen wurde an die jugoslawische Grenze gebracht, einige konnten nach Wien fliehen. Wenigen gelang über Italien die Flucht nach Übersee. Die anderen kamen wahrscheinlich in Konzentrationslagern ums Leben. Laut einer amtlichen Mitteilung bezeichnete sich die Stadt Güssing am 17. Juni 1938 stolz als »judenrein«.

Die Synagoge wurde in der Reichskristallnacht vom 9. auf 10. November 1938 geplündert. Sämtliche, noch nicht gestohlene Gegenstände wie das Mobiliar, Luster, Matrikelbücher, Thorarollen und andere Einrichtungsgegenstände wurden von SA-Männern und der Hitlerjugend auf den Platz vor dem Tempel geschleppt und verbrannt. Die Synagoge selbst wurde zweimal angezündet, jedoch erlosch beide Male das Feuer von selbst. Zu Jahresende wurde das Gebäude in eine Turnhalle umgebaut und am 12. Februar 1939 vom Gauleiter der Steiermark, Sigfried Uiberreither feierlich eröffnet. Auch der Friedhof im Mühlwinkel wurde geschändet, fast alle Grabsteine entfernt. Die Leichenhalle wurde in den 1950er-Jahren abgerissen. Von dem einst großen Areal ist fast nichts mehr übrig, große Teile wurden verkauft und zugebaut. Der Hang des mittleren Teils wird im Winter zum Ski- und Schlittenfahren benutzt. Ein großer Felsstein mit eingelassener Gedenktafel dominiert den Friedhof mit den wenigen über den Platz verteilten Grabsteinen. Leider fehlen Hinweisschilder und auch in dem Gemeindeplan ist der jüdische Friedhof nicht eingezeichnet.

Nach dem Krieg kehrte nur die Familie Latzer zurück und Nikolaus Latzer, der 1951 aus der englischen Emigration zurückkehrte, lebte bis zu seinem Tod in Güssing.

Liesl Latzer, die in Güssing auf die Welt kam und heute in New York lebt, erinnert sich an ihre Kindheit in Güssing:

> »Wir waren wenige jüdische Familien. Ich war wie alle anderen Kinder. Als die Nazis gekommen sind, war das ein schrecklicher Schock für mich, denn ich wusste nicht, dass ich anders war als die anderen, und die Kinder haben zu mir gesagt: ›Ich werde trotzdem spielen mit dir.‹ Ich war in der Volksschule die einzige Jüdin. Ich war in der dritten Klasse. Ich war einen Kopf größer als alle anderen Kinder, war blond, sehr gesund aussehend, rote Backen und so. Und wir haben deutsche Lehrer bekommen, die die Kinder nicht kannten. Und da haben sie mich hingestellt als Exempel für ihre ›Arische Rasse‹ – das einzige jüdische Kind in der ganzen Schule. Natürlich hat man den Lehrer dann aufgeklärt und er hat eine Wut gehabt und in der Pause haben alle Kinder, ich bin in der Mitte gestanden, das ›Horst-Wessel-Lied‹ singen müssen ›und wenn das Blut von den Messern spritzt, fühl' ich mich noch mal so gut‹. Und da hat der Direktor der Schule, der ein guter Freund meines Vaters war, zu ihm gesagt, er soll mich aus der Schule nehmen. So war ich dann über ein Jahr aus der Schule. Ich habe fast zwei Jahre meiner Schulzeit verloren.«[3]

---

3 Interview vom 2.10.2002, Burgenländische Forschungsgesellschaft. Interviewführung: Gert Tschögl.

Das Zitat zeigt die schrecklichen Veränderungen in den Beziehungen zwischen Juden und Nicht-Juden, nicht nur in Güssing. Was ist geschehen? Es gab wohl immer einzelne, die auch in Zeiten der antisemitischen Massenhysterie und mit der unmittelbaren Gefahr, sich selbst in Schwierigkeiten zu bringen, ihren jüdischen Nachbarn weiterhin geholfen haben. Die Zeiten, von denen Berth Rothstein in seiner Lebensgeschichte »Der Bela von Güssing« (1988) erzählt, sind aber unwiederbringlich vorbei.

Abbildung der Familie Rothstein aus Güssing

»Der Güssinger Rabbiner hieß Jakob Grünfeld und war ein Mann mit schönem Äußeren und gutem Aussehen, einem langen, schönen Bart, geehrt von Juden und Nicht-Juden. Wenn Begräbnisse stattfanden, kamen mehr Nicht-Juden, immer um dem Rabbiner seine Predigt zu hören. Oder auch zu Versöhnungsabenden. Da konnten die Synagogenbesucher aus 75 Prozent Christen bestehen und nur aus einem Viertel Juden. (...) Das Verhältnis zwischen jüdischer und christlicher Bevölkerung war gut und freundschaftlich. Der Rabbiner und der Pfarrer pflegten brüderlichen Kontakt. Oft konnte man beide spazieren sehen durch die Straßen von Güssing: Einmal, in Deutschkreutz (...), erlebte ich, als Kardinal Innitzer den Rabbiner auf Hebräisch begrüßte, worauf dieser den großen Segen in Hebräisch spendete, den der Kardinal ehrfurchtsvoll entgegennahm.«

Markus Prenner

Markus Prenner wurde 1966 geboren und ist in Güssing aufgewachsen. Er studierte Katholische Fachtheologie und Religionspädagogik mit Wahlfach Judaistik sowie – leider nicht ganz fertig, wie er erzählt – (Jazz-)Gitarre. Danach arbeitete er jahrelang als Mittelschullehrer und ist zurzeit Klubdirektor der ÖVP im Burgenländischen Landtag, Vorsitzender des Landesverbandes der Burgenländischen Volkshochschulen und Geschäftsführer des Europaforum Burgenland. Mit der Geschichte der Juden im Burgenland, speziell im Südburgenland, beschäftigt er sich seit langer Zeit. Vorträge, Projektleitungen und die

Mitwirkung an diversen Projekten und Veröffentlichungen zum Thema Judentum machen sein diesbezügliches Engagement deutlich.

Aber nicht nur die Geschichte ist ihm ein Anliegen, sondern auch der ambivalente Umgang mit dieser im Burgenland. Das merken wir, als er von seinem Zugang zu dieser Thematik erzählt. Von seiner Jugend im Güssing der 1970er- und 1980er-Jahre als das Judentum nur bedingt präsent war. Maximal in Person des einzigen in Güssing lebenden Juden. Oder in der Bezeichnung eines alten Häuserblocks als »Judenhaus«. Oder wenig später, als ein beherzter Bürgermeister auf Anregung eines Vereins eine Art Gedenkstätte auf dem Gebiet des ehemaligen jüdischen Friedhofs errichten ließ.

Seither hörte er viele Politiker und Funktionäre in Reden von den »untergegangenen« Judengemeinden im Burgenland sprechen. Untergegangen? »Brutal ersäuft« wäre ein treffenderer Ausdruck, meint Prenner. Er habe nicht nur deshalb großes Unbehagen, wenn er vom Judentum im Burgenland hört. Nein, Unbehagen ist wahr-

Das sogenannte Judengebäude (links), um 1907

Gedenkstein am jüdischen Friedhof

scheinlich der falsche Begriff, räsoniert er. Es ist eher ein unbestimmtes, undefinierbares Gefühl. Und er stellt sich immer wieder die Frage, ob es an den Akteuren liegt? Damit meine er sicher nicht jene, die mehr oder weniger latente Ignoranz an den Tag legen, die bei manchen in blanken Antisemitismus gipfelt. Von ihnen muss an anderer Stelle die Rede sein.

Er meint andere: Da sind zum einen die Historiker. Sie haben ehrliches Interesse an der Geschichte der Juden in Deutschwestungarn, später Burgenland. Vor allem die Geschichte und Geschichten in und um die Esterházy'schen

Siebengemeinden stehen im Mittelpunkt. Von den Juden im heutigen Südburgenland aber wird leider kaum oder zu wenig gesprochen.

Dann sind da noch die politischen Akteure. Sie werden nicht müde, das bestialische Treiben der Nazis ins Bewusstsein der Menschen zu rufen. Auf die Tatsache verweisen, dass das Burgenland zu den ersten »judenfreien« Regionen Europas gehörte, wo die Nationalsozialisten rascher als in manch anderen Gegenden die Juden inhaftiert, vertrieben, ermordet hatten.

Und natürlich die kulturellen Akteure. Die sich an Klezmer erfreuen, an den Werken der vielen Maler und Musiker jüdischer Herkunft, auch und vor allem, weil sie Juden waren. Die auf den Geigenvirtuosen Joseph Joachim aus Kittsee , auf die jüdischen Kontakte von Franz Liszt, auf Carl Goldmark aus Deutschkreutz/Zelem und so weiter verweisen.

Es gibt sogar noch die religiösen Akteure. Sie nähern sich dem Judentum auf einem leisen, aber nichtsdestotrotz wichtigem spirituell-religiösen Weg an. Dass ohne das religiöse Geschichtsverständnis des Judentums als Beziehungsgeschichte zwischen Gott und seinem auserwähltem Volk sowohl die historische, politische und kulturelle Dimension des Judentums nur bedingt verstanden werden kann, ist seine persönliche Meinung.

Markus Prenner will mit seinen Aussagen nicht missverstanden werden: All diese Gruppen sind immens wichtig, wenn es darum geht, den Judengemeinden ein würdiges Andenken zu bewahren bzw. um mahnend an das bestialische Unrecht, auf das »Ersäufen« der burgenländischen Juden zu verweisen. Auch er findet seine Person in allen vier Gruppen wieder.

Und doch bleiben für ihn Fragen offen: Was genau hat das einstige jüdische Leben im Burgenland ausgemacht? Haben sich die Juden im Burgenland wirklich so definiert, wie wir es heute vermuten?

Und er stellt weitere Fragen in den Raum. Fragen, die über die Geschichte der Juden im Burgenland hinausgehen und die vielschichtige Identität des Landes betreffen: Definiert sich der deutschsprachige Burgenländer über Josef Reichl, den wohl prominentesten Mundartdichter des Burgenlands? Über Franz Liszt, Joseph Haydn? Definiert sich der Kroate über die Tamburizza? Der Ungar über Zimbal und Csardas? Der Roma über seine leidenschaftliche Musik?

Klischees? Das mag sein, stimmt Prenner zu. Natürlich sind Musik, Literatur, die Pflege der tradierten Volkskultur, Kulinarik etc. Teil der Identität.

Doch ist es nur das?

Was sein Unbehagen ausmacht, ist die Erfahrung, dass man in der Auseinandersetzung mit dem Judentum, mit seiner Geschichte, der Shoa, der Kunst und Kultur, gerne und leicht an der Oberfläche hängenbleibt.

Klischees haben den Vorteil, dass sie Interesse wecken, quasi »Schuhlöffel« sein können, um mehr zu erfahren.

Es ist aber einfach und angenehm (und herrlich unverbindlich) an der Oberfläche zu bleiben. Hut ab vor jenen Verantwortlichen, die einen Schritt weiter gehen und sich fürs Erinnern einsetzen, für die Pflege jüdischer Friedhöfe, für den Erhalt von Synagogen, für die Auseinandersetzung mit dem Versagen der Zivilcourage in Vergangenheit und Gegenwart – auch wenn es keine Wählerstimmen bringt, wie auch er sich sicher ist.

Wirklich verstehen würden wir das Judentum im Burgenland (und nicht nur die Juden und nicht nur im Burgenland), wenn wir einen Schritt weiter gingen und den Menschen in den Mittelpunkt zu stellen. Und Prenner scheut sich nicht, dies auch es zu formulieren: die Ängste, Alltagssorgen, Freuden, all das, was unser aller Leben ausmacht. Welche Wege, das Leben zu bewältigen, zu feiern, zu hoffen, bietet das Judentum? Markus Prenners Anliegen ist es, sich durch die jüdische Geschichte, Kultur, Tradition, Religion, Alltagskultur inspirieren zu lassen. Im wahrsten Sinn des Wortes »begeistern« zu lassen! Das ist ein fundamentaler Teil, der die Buntheit dieser Region ausmacht. Prenner verweist darauf, dass kaum eine andere Region Österreichs – vielleicht ausgenommen Wien – seit Jahrhunderten eine solch ethnische, kulturelle, religiöse Buntheit zu bieten hat. Er stellt die Forderung in den Raum, mithilfe der historischen, kulturellen und religiösen Schuhlöffeln in den Alltag der Menschen zu schlüpfen und Aug in Aug das Gemeinsame zu sehen und im Anderssein eine Bereicherung für die eigene Identität zu erkennen!

Die Schabbes-Kette in Eisenstadt

... am Ende der Entdeckungsreisen

Die Recherchen zu diesem Buch wurden tatsächlich zu Entdeckungsreisen. Abenteuerliche Reisen nicht nur in die Geschichte, zu Orten, zu Menschen sondern auch zu uns selbst.

Stand am Anfang dieses Projekts die wissenschaftliche Aufarbeitung historischer Quellen, von Büchern, Publikationen und anderen Veröffentlichungen, wurden die unternommenen Reisen immer mehr zu einer persönlichen Herausforderung. Die ersten Reisen waren davon geprägt, uns selbst einmal klar zu werden, worauf wir uns da eingelassen hatten. Voller Neugier gingen wir auf die teils abenteuerliche Spurensuche. Es eröffnete sich eine Welt voller Geheimnisse, Geschichte taucht auf, wird greifbar. Beeindruckend ist die verwunschene Magie der Friedhöfe, die stumm von verloschenem Leben berichten. Es stellte sich ein Sog ein, jedem, wenn auch nur kleinsten Hinweis nachzugehen, um wirklich zu verstehen, was in diesem Land mit den jüdischen Menschen passiert ist. Jede der zahlreichen Reisen brachte neue, tiefere Erkenntnisse mit sich. Im Positiven, wie im Negativen. Manchmal lediglich durch Ansammeln weiterer historischer Fakten, ein anderes Mal war es eine emotionale Tour de Force. Mit der Zeit wird die Suche beschwerlicher, denn das unermessliche Ausmaß der Katastrophe wird uns mit jeder weiteren Entdeckung bitter bewusst. Das Ende der im Buch beschriebenen, jüdischen Gemeinden wird innerhalb weniger Wochen im Jahr 1938 besiegelt. Mit einem Mal wurde eine Bevölkerungsgruppe ausradiert, die dieses Land über Jahrhunderte mitgeprägt hat.

Geschunden. Vertrieben. Geflohen. Deportiert. Ausgelöscht.

Der Suche nach den Spuren einer durch Gewalt verloren gegangenen Kultur eines Landes, die sich scheinbar nur mehr durch Friedhöfe, Denkmäler oder Gedenktafeln in Erinnerung rufen kann, stehen Menschen gegenüber, die mit ihrer Bereitschaft, das Vergessen unbedingt zu verhindern, versuchen, viel Zeit und enorme Anstrengungen auf sich nehmen. Die Begegnung mit den porträtierten Menschen verhilft uns zu einer tieferen Reflexion. Sie lösen einen Prozess aus, der immer weiter hineinführt, in persönliche Lebenswelten, aber auch ganz aktuelle Fragen aufwirft:

Wie wird das, was noch besteht, gepflegt?

Was bleibt im Heute?

Die Aufarbeitung der Geschichte ist nicht abgeschlossen: Jetzt erst beginnt die Esterházy-Privatstiftung ihre Archive zu sichten. Jetzt erst gibt es reale Chancen, das Massengrab beim Kreuzstadl zu finden. Jetzt erst wird öffentliches Erinnern möglich, indem Mahnmäler errichtet und Kunstwerke geschaffen werden. Jetzt erst, im Jahr 2012, wurden weitere jüdische Grabsteine, wie jene in Bruckneudorf, gefunden. Andere Dokumente aus den Kriegsjahren, wie zurückgehaltene Tagebücher von Zeitzeugen, warten darauf, ausgewertet zu werden. Andere symbolisch wichtige Orte warten darauf, für das Gedenken zugänglich gemacht zu werden.

Für diese essenziellen, gesellschaftspolitischen Aufgaben braucht es aufgeschlossene Einzelne, die bereit sind, hinzusehen, Widerstände zu überwinden und eindeutig Stellung zu beziehen. Mutige Menschen. Diese Menschen werden zu Vorbildern, wenn es darum geht, Dinge beim

Namen zu nennen. Sie schöpfen ihre Motivation und Kraft aus der Begegnung mit Nachkommen, Schülern und Schülerinnen und generell Interessierten, die ihre Arbeit zu schätzen wissen.

Des Öfteren bekamen wir den Satz zu hören: »Einer muss es ja tun!«

Viele mehr sollten es tun.

Quellen

Abeles, Otto: Das freundliche Lakenbach, Wiener Morgenzeitung, 16. Februar 1927
Baumgartner, Gerhard: Geschichte der Jüdischen Gemeinde zu Schlaining, Schlaining 1988
Baumgartner/ Fennes/ Greifeneder/ Schinkovits/ Tschögl/ Wendelin: Arisierungen – Beschlagnahmte Vermögen, Rückstellungen und Entschädigungen im Burgenland, Veröffentlichungen der Österreichischen Historikerkommission, Band 17/3, Wien-München 2004
Berczeller, Richard: Die sieben Leben des Doktor B. – Odyssee eines Arztes, München 1965
Berczeller, Richard: Verweht, Eisenstadt-Wien 1983
Brugger/Keil/Lichtblau/Lind/Staudinger: Geschichte der Juden in Österreich, Wien 2006
Burgenländische Forschungen: Das Drama Südostwall am Beispiel Rechnitz, Eisenstadt 2009
Burgenländische Volkshochschulen: Zerstörte Jüdische Gemeinden im Burgenland. Eine Spurensuche, Burgenland 2002
Eisenberg, Paul Chaim: Erlebnisse eines Rabbiners, Wien 2006
Gold, Hugo: Gedenkbuch der untergegangenen Judengemeinden des Burgenlandes, Tel Aviv 1970
Heinrich/Erne: Totschweigen, Dokumentarfilm, 1994
Hodik, Fritz P.: Beiträge zur Geschichte der Mattersdorfer Judengemeinde im 18. und in der ersten Hälfte des 19. Jahrhunderts. In: Burgenländische Forschungen, Eisenstadt 1975
Hoerz, Peter F.: Jüdische Kultur im Burgenland, Institut für Europäische Ethnologie der Universität Wien, 2006
Jelinek, Elfriede: Rechnitz (Der Würgeengel), Reinbek bei Hamburg 2008

Kittseer Schriften zur Volkskunde: Zerstörte jüdische Gemeinden im Burgenland – eine Spurensicherung am Beispiel Kittsee, Wien-Kittsee 2005

Lang/Tobler/Tschögl: Vertrieben. Erinnerungen burgenländischer Juden und Jüdinnen, Wien 2004

Popper, Lutz Elija: Ludwig Popper, Bolivien für Gringos. Exil-Tagebuch eines Wiener Arztes, Oberwart 2005

Popper, Lutz Elija: Briefe aus einer versinkenden Welt: 1938/1939, Oberwart 2008

Wagner, Peter: Gespräch zwischen Peter Wagner und Eduard Erne über den Film »Totschweigen«, 1993

Wagner, Peter: März. Der 24. – Theaterstück, Uraufführung Oberwart 1995

Reiss, Johannes: ... weil man uns die Heimatliebe ausgebläut hat ... – Ein Spaziergang durch die jüdische Geschichte Eisenstadts, Eisenstadt 2001

Reiss, Johannes: Aus den Sieben-Gemeinden – Ein Lesebuch über Juden im Burgenland, Eisenstadt 1997

Reiss, Johannes: Hier in der heiligen jüdischen Gemeinde Eisenstadt, Eisenstadt 1995

Rothstein, Berth: Der Bela von Güssing, Frankfurt 1988

Spiegel, Paul: Was ist koscher? Jüdischer Glaube – jüdisches Leben, Berlin 2005

Spitzer, Schlomo: Beiträge zur Geschichte der Juden im Burgenland, Stadtschlaining 1995

Stadtgemeinde Güssing: Güssing in alten Ansichten, Güssing 1985

Weisgram, Wolfgang: Die vielen Leben des Doktor B., Der Standard, 5. November 2011

Weisgram, Wolfgang: Unterm Pflaster liegt die Vergangenheit, Der Standard, 20. Januar 2009

Werfel, Franz: Cella oder Die Überwinder, Versuch eines Romans, 1952

Namensregister

A

Abeles, Otto	88, 90, 96
Adler, Nathan	63
Anschel, Chaim ben Ascher	113f.
Axmann, David	139

B

Baker, Howard	141
Bardach, Guillaume	157
Batthyány, Christoph	168
Batthyány, Eleonore	127
Batthyány, Iván	134
Batthyány, Margit	134ff.
Batthyány, Zsigmond	167
Beethoven, Ludwig van	115
Béla IV., König	12
Berczeller, Maria	66
Berczeller, Peter	66
Berczeller, Richard	64ff., 74
Bernstein, Bela	154
Blau, Familie	128
Blau, Felix	147
Bonaparte, Marie	66

D

Dollfuß, Engelbert	65

E

Ehrenfeld, Akiba	69, 72f.
Ehrenfeld, Samuel	67f.
Ehrenfeld, Schmuel	72
Ehrenfeld, Yitzchak	71ff.
Eisenberg, Akiba	45
Eisenberg, Paul Chaim	45, 165
Eisenstadt, Meir ben Izsak	42, 50f.
Eleazar, Kalir	125
Eloul, Kosso	122, 131
Erne, Eduard	123, 136
Esterházy, Fürst Nikolaus II.	42
Esterházy, Fürst Paul I.	10, 37
Esterházy, Michael	87
Esterházy, Nikolaus	27, 86

F

Forchtenstein, Graf	61
Frankl, Patrick	8, 55ff.
Freud, Familie	66
Friedrich II., Herzog	12
Fuchs, Ludwig	11

G

Ganz, Bruno	81
Giefing, Franz	67

Glaser, Johanna (geb. Hecht) 109
Gold, Hugo 8
Goldmark, Karl 84, 87
Goldmark, Ruben 87
Groll, Ludwig 134
Grünfeld, Jakob 166, 174
Grünhut, Aaron 109
Gulda, Friedrich 139
Gulda, Paul 8, 138ff.

H
Haider, Jörg 164
Hausensteiner, Margarethe 78
Haydn, Joseph 38, 141, 178
Heinrich, Margareta 123, 136
Heitler, Joachim 126
Helmer, Oskar 18
Herzl, Theodor 54, 88
Hildesheimer, Esriel 51
Hirschl, Hermann 75
Hirschler, Joseph 42
Hitler, Adolf 46
Hofmeister, Schlomo 8, 20ff.
Horowitz, Pinchas 63
Horvath, Horst 139
Horwath, Wolfgang 139

J
Jelinek, Elfriede 137, 142
Joachim, Joseph 113ff., 177
Joseph II., Kaiser 14, 125
Jurkovich, Irmgard 8, 106ff.
Jurkovich, Josef 111, 115

K
Kenyeri, Engelbert 142
Kertész, Stefan 79
Klein, Menachem 8, 69, 71
Kohn, Josel Elimelech 90
Körner, Theodor 128
Krauss, Adonijahu 97
Kreisky, Bruno 163
Kremer, Gidon 139
Kroetz, Franz Xaver 141
Kun, Bela 85

L
Landsteiner, Karl 157
Lang, Gilbert 167
Lang, Johann 145
Latzer, Liesl 170ff.
Latzer, Nikolaus 145
Lebel, Jakob 145
Lehner, Andreas 139
Leopold I., Kaiser 13, 28, 41, 61, 77, 86

Lipschütz,
Kultusvorsteher 85
Liszt, Franz 38, 42, 177f.
Liszty, Johann 107
Litchfield, David 136
Loew, Paola 139
Loew, Wilhelm 140
Loewi, Otto 157
Loos, Familie 129
Löwy-Wolf, Frieda 44

M

Magnus, Naama 81f.
Manoschek, Walter 142
Maximilian I., Kaiser 12
Menasse, Robert 123
Mendelssohn-
Bartholdy, Felix 113
Miklas, Wilhelm 67
Moreau, Charles 49
Muhr, Karl 134
Muralter, Josef 133f.
Muzicant, Ariel 82

N

Nádasdy, Adelsfamilie 86
Nestroy, Johann 141
Nicka, Eduard 134
Niessl, Hans 70

O

Oldenburg, Hans-
Joachim 134f.
Ottrubay, Stefan 8, 33ff.

P

Pehm, Georg 78
Perles, Ella 109
Perles, Isak Moses 51
Perles, Zvi Hirsch 108f.
Pick, Gustav 123
Podezin, Franz 133ff.
Pollack, Salamon 126
Popper, Friederike 158ff.
Popper, Helga 163
Popper, Ludwig 156ff.
Popper, Lutz Elija 139, 156ff.
Popper, Madeleine 162
Popper, Peter 158
Popper, Susanne 162
Portschy, Tobias 17, 128
Prantl, Karl 139
Prenner, Markus 8, 174ff.

R

Reiss, Johannes 8, 28, 45ff., 96
Rosenfeld, Paul 57, 103ff.
Roth, Joseph 85

Rothstein, Berth 173

S

Schey, Markus Mordechai 97
Schiller, Elisabeth 54ff.
Schiller, Georg 54ff.
Schiller, Oskar 30, 54ff.
Schischa, Familie 61
Schloßberg, Familie 117
Schnitzler, Arthur 97
Schubert, Kurt 40f.
Schuschnigg, Kurt 66
Schützenhofer, Birgit 139
Serkin, Rudolf 140
Sinowatz, Alfred 41
Sofer, Moses Chatam 24, 63f., 72f.
Stadler, Hildegard 134
Stock, Familie 54
Szorger, Dieter 8, 82f., 120, 136

T

Tandler, Julius 65, 157
Tannenbaum, Robert 8, 31f.
Teuschler, Christine 139
Torberg, Marietta 139
Torberg, Friedrich 139

Trebitsch, Heinrich 30
Tschögl, Gert 154, 172

U

Uiberreither, Sigfried 171

W

Wagner, Peter 138
Waldheim, Kurt 164
Weber, Joseph P. 154
Weil, Jacques Emanuel 53
Weisgram, Wolfgang 75
Weißpriach, Johann von 27
Werfel, Franz 19, 53
Wertheimer, Samson 43ff., 127
Wolf, Alexander »Sándor« 53f.
Wolf, Babe »Frumet« 46
Wolf, Chajim Halevi 46
Wolf, Ignaz 43
Wolf, Leopold 43, 52
Wolf-Laschober, Ottilie 52

Z

Zalmon, Milka 19
Zipser, Mayer 126

Der Metroverlag empfiehlt:

Christof Habres
Jüdisches Wien
192 Seiten
€ 19,90

Katja Sindemann
Mazzesinsel-Kochbuch
160 Seiten
€ 25,–

Rafael Schwarz
Darf man Juden Ezzes geben?
128 Seiten
€ 14,90

www.metroverlag.at

Der Metroverlag empfiehlt:

Christof Habres
Moische, wohin fährst du?
Wien und der Jüdische Witz
96 Seiten
€ 14,90

Hugo Bettauer
Die Stadt ohne Juden
176 Seiten
€ 16,90

Ludwig Bato
Die Juden im alten Wien
256 Seiten
€ 19,90

www.metroverlag.at

Christof Habres, geboren in Wien. Studium der Handelswissenschaft, Kommunikations- und Politikwissenschaft. Arbeitet als Journalist und Kunsthändler in Wien. Im Metroverlag erschienen zuletzt »Moische, wohin fährst du?« und »Jüdisches Wien«.

Elisabeth Reis, geboren in Graz. Studium der Politikwissenschaft und Ethnologie, Ausbildung zur Trainerin in integrativer Konfliktforschung. Betreibt in Wien den kunst.raum purpur19.

Mit freundlicher Unterstützung der Kulturabteilung des Landes Burgenland, Abteilung 7 – Kultur, Wissenschaft und Archiv

Bildnachweis:
Esterházy Privatstiftung: S. 13, 32, 33, Burgenländisches Landesarchiv: S. 15, Österreichisches Jüdisches Museum, Eisenstadt: S. 16, 36, 40, Schlomo Hofmeister: S. 20, Elisabeth Reis: S. 6, 23, 28, 35, 43, 50, 53, 56, 60, 68, 70, 71, 74, 76, 79, 81, 82, 91, 92, 94, 98, 101, 102, 103, 106, 108, 110, 116, 118, 119, 122, 123, 129, 130, 132, 140, 144, 149, 150, 155, 156, 161, 176, 180, Archiv Familie Schiller/Frankl: S. 26, 27, 30, ÖJM: 29, Familie Ehrenfeld: 72, Gemeinde Deutschkreutz: S. 84, 85, 86, 89, Bundesdenkmalamt: 147, Gemeinde Güssing: S. 166, 169, 173, 175, privat/Markus Prenner: S. 174, Wolfgang Horwath: S. 131

© 2012 Metroverlag, Wien
Verlagsbüro W. GmbH
Gesamtherstellung: Druckerei Theiss GmbH, St. Stefan i. Lavanttal
ISBN 978-3-99300-074-5